Isabel García

Ich kann auch anders

Isabel García

ICH KANN AUCH ANDERS

Von freundlich bis unbarmherzig – wie Sie das Repertoire Ihrer Kommunikationsmuster wirksam erweitern

Econ

MIX
Papier
FSC FSC® C083411

Econ ist ein Verlag
der Ullstein Buchverlage GmbH

ISBN: 978-3-430-20211-4

Gesetzt aus der Kepler
Satz: L42 AG, Berlin
Druck und Bindearbeiten: CPI books GmbH, Leck
Printed in Germany

Inhaltsverzeichnis

Prolog

Der Morgen ist immer am schönsten. Da hat er seine Ruhe, und niemand nervt mit einem Bedürfnis nach Kommunikation.

Herr Stegmann sitzt an seinem Schreibtisch im Architekturbüro der Kraft GmbH im fünften Stock. In einem halben Jahr wird er die Führung eines völlig neuen Teams übernehmen. Herr Kraft möchte eine Abteilung ins Leben rufen, die nur umweltfreundliche, autarke Wohngebäude entwickelt. Und Herr Stegmann wird dieses Team leiten. Es ist kein Wunder, dass ausgerechnet er ausgewählt wurde. Er ist einer der kreativsten Köpfe, die der Chef in seinem Unternehmen sitzen hat.

Nur deswegen wurde er ausgewählt. Bestimmt nicht, weil er gut mit Menschen umgehen kann. Die stille Übereinkunft ist allerdings, dass der Stegmann das noch lernen wird. Welcher Führungskraft wird schon Führung beigebracht. Das lernt man einfach so nebenbei, indem man es macht.

Zumindest ist es bei Herrn Kraft so gewesen, und er kam

damit super klar. Herr Kraft sitzt im neunten Stock. Ein kleiner, älterer, weißhaariger Herr mit zig Familienbildern auf dem Schreibtisch von seiner Frau, seinen fünf mittlerweile erwachsenen Kindern und den drei Enkelkindern. Pino, Mali, Paula und Struppi nicht zu vergessen. Alle Hunde, die sie bisher schon hatten.

Auf dem Schreibtisch von Herrn Stegmann sind keine Fotos. Im Gegensatz zu seinem Chef herrscht bei ihm ein heilloses Durcheinander. Fotos würden ihn nur ablenken. Herr Stegmann nennt das Chaos eine kreative Ordnung, die allerdings nur er zu verstehen scheint.

Er ist völlig versunken in seine Arbeit, bis er auf einmal Gemurmel um sich herum wahrnimmt. Die Kollegen sind da. Er geht in die Küche und macht sich einen Kaffee. Allgemeine Berichterstattung, wie das Wetter am Wochenende war und warum und wieso und weshalb wer mit wem was und wie gemacht hat. Kommunikation eben. Anstrengend.

Herr Stegmann fokussiert den Kaffeeautomaten und überlegt kurz, ob er etwas dazu sagen soll. Herr Kraft meinte, er solle sich mehr öffnen und mehr aufs Beziehungskonto einzahlen, indem er sich häufiger mit den Kollegen unterhält. Gute Idee, nur interessiert ihn leider nicht, wie das Wetter am Wochenende war und warum und wieso wer mit wem was und wie gemacht hat. Während er auf den heißen Kaffee wartet, überlegt er immer mal wieder, wo er einsteigen und auch etwas dazu sagen könnte. Schließlich gibt er resigniert auf, lässt es bei dem gegrummelten Hallo in alle Richtungen bewenden und verschwindet mit dem dampfenden Kaffee in seinem Büro.

1. Wozu ein neues Kommunikationsmodell?

Es gibt viele gute Kommunikationsmodelle, mit denen Sie ergründen können, was für ein Typ Sie sind. Die Ihnen erklären, wie Sie Ihre Kunden in Kommunikationstypen aufteilen und jeweils angemessen ansprechen können. Sie können natürlich auch anhand solcher Modelle die oder den richtigen Lebenspartner auswählen. Es gibt viele Möglichkeiten, dieses Wissen zu nutzen, und es gibt viele lustige Tests in Zeitschriften, viele gute Bücher über dieses Thema und sehr gute Trainer.

Warum also noch ein neues Modell auf den Markt werfen? Die Antwort ist zugleich einfach und komplex. Das Kommunikationsmodell, das ich Ihnen in diesem Buch vorstelle, basiert zwar auf demselben Grundstein wie alle anderen. Doch dann schlägt es nicht nur einen anderen Weg ein, sondern geht auch ein paar Schritte weiter als alle bisherigen. Das Fundament ist dasselbe, das Haus ein völlig anderes: Es ist das Modell der Elementaren Kommunikationstypen.

Die Grundlage bildet, wie bei allen anderen Modellen zur Ermittlung der Kommunikationstypen, die Vier-Säfte-Lehre von Hippokrates von Kos. Das war ein griechischer Arzt, der 460 bis 370 vor Christus gelebt hat. Später wurde seine Lehre dann auch die Vier-Elemente-Lehre genannt und noch später die Temperamenten-Lehre.

Wie das Modell auch genannt wird, der Grundgedanke ist meistens folgender: Es gibt vier Temperamente von Menschen, die sowohl deren Charakter als auch deren äußere Erscheinung beschreiben. In vielen Modellen werden die Temperamente Sanguiniker, Phlegmatiker, Melancholiker und Choleriker genannt. Wobei der Sanguiniker als heiter und aktiv beschrieben und mit dem Saft des Blutes in Verbindung gebracht wird. Der Phlegmatiker ist dagegen passiv und schwerfällig und wird mit dem Saft des Schleims verglichen. Melancholiker sind traurig und nachdenklich und wurden mit der schwarzen Gallenflüssigkeit assoziiert. Und der Choleriker ist reizbar und erregbar, mit dem Vergleich zur gelben Gallenflüssigkeit.

Da es bei den meisten Modellen nur ein Entweder-oder gibt, wünschen sich viele spontan, ein Sanguiniker zu sein. Denn wer möchte schon schwarze oder gelbe Gallenflüssigkeit oder sogar Schleim sein? Wenn Sie derartige Kommunikationsmodelle gelernt haben, um Ihre Kunden schneller zu erkennen und passend anzusprechen, dann haben Sie jeden Kunden in eine dieser vier Schubladen gesteckt. Und sobald Sie analysiert haben, ob Ihr Kunde Blut, Schleim, schwarze oder gelbe Gallenflüssigkeit ist, gibt es bei den meisten Regelwerken eine Vorlage, wie welcher Typ gerne angesprochen werden möchte.

Vor allem bei Telefonzentralen sehe ich immer wieder vier verschiedenfarbige Zettel herumfliegen, auf denen steht, welcher Kommunikationstyp Smalltalk braucht und welcher ihn nicht ausstehen kann, wer bewundert werden möchte und wer klare Ansagen braucht. Danach enden viele dieser Denkmodelle. Was ich schade finde, weil es der persönlichen Weiterentwicklung wenig Raum lässt. Einfach nur zu sagen: »Du bist, was du bist!«, das ist mir zu wenig. Kommunikation kann mehr. Mehr noch: Sie und ich können mehr – mit den Mitteln der Kommunikation.

Historie der Elementaren Kommunikationstypen

Auf dem festen Sockel der Lehre des Hippokrates von Kos steht jede Theorie zur Ermittlung der Kommunikationstypen. Jedes individuelle Theoriegebäude mit seinen praktischen Anleitungen ruht auf diesem Fundament.

Bei meinem Modell der Elementaren Kommunikationstypen hat ein Clown das Erdgeschoss gestaltet, während ich mich im ersten und zweiten Stock ausgetobt habe, bis mein Modell ausgereift war.

Der Clown hieß Frieder Nögge und lebte von 1955 bis 2001. Er arbeitete nicht nur mit weiß geschminktem Gesicht und rot geschminkten Lippen, sondern auch als deutscher Bühnenkünstler und Schauspiellehrer. Er kreierte etwas ganz Besonderes, indem er die vier ursprünglichen Temperamente nahm und sie mit den Elementen Feuer, Erde, Wasser und Luft verglich. Darüber hinaus dachte sich Frieder Nögge sechs Gesten aus, die er immer in derselben Abfolge durchspielte und mit jedem einzelnen Element verband, um die unterschiedlichen Charaktere zu üben.

Dem Clown ging es dabei nicht um die richtige Kundenansprache, sondern darum, alles und jeden auf der Bühne spielen und parodieren zu können. Das war für ihn der Sinn und Zweck hinter den Gesten. Und deshalb sind sie für uns auch so wertvoll.

Die Gesten lauten:

- Deuten,
- Innenraum,
- Zweifel,
- Antipathie,
- Sympathie und
- Neutral.

Diese sechs Gesten spielte er extrem und groß, wie wir es von einem Clown erwarten. Wenn er deutete, dann reckte er seinen Arm so weit nach vorne, dass er am Ende nur noch auf einem Bein stand und selbst dort ganz weit vorn auf den Zehenspitzen. Bei der Innenraum-Geste zog er sich in sich selbst zurück und machte gar keine Bewegung mehr. Beim Zweifeln hüpfte er von einem Fuß auf den anderen und schaute immer wieder von links nach rechts. Den Rest können Sie sich vorstellen.

Dieses Vorgehen bildete die Basis zur klassischen Konditionierung. Das ist die Technik, mit der viele Schauspieler Rollen einüben, die ihrem eigentlichen Naturell widersprechen. Sie dient dazu, eigene Verhaltensreflexe zu überwinden und durch andere zu ersetzen, die der Rolle entsprechen. Nur beim Üben machte Nögge die Gesten so groß. Später reichte es, wenn er an ein Element und eine Geste dachte, und schon hatte er die passende Stimmung in seinem Körper, in der Mimik und in der Stimme. Frieder Nögge führte eine Kleinkunstschule in Stuttgart und lehrte die vier Elemente in Kombination mit den sechs Gesten. Dort lernte sie auch die Schauspielerin Deirdre Goodman, und von ihr lernte sie mein Schauspiellehrer Jens Richter, der sie mir wiederum bei meinem Gesangsstudium in Hamburg beibrachte. Da Nögge nie ein erklärendes Sachbuch über die Elemente und Gesten geschrieben hat, gibt es bisher keine Literatur darüber.

Ich habe dieses Modell gelernt, damit ich melancholisch eine Liebesballade singen konnte, ohne selbst einen Kloß im Hals zu haben. Hätte ich an etwas Trauriges gedacht, um in die entsprechende Stimmung zu kommen, hätte das genau dazu geführt. Mit diesem Modell schaffte ich es also, mich traurig zu fühlen, ohne traurig zu sein. Ich schaffte es, mich fröhlich zu fühlen, ohne fröhlich zu sein. Eine wichtige Kompetenz für professionelle Bühnenpräsenz.

Nachdem ich im Anschluss an mein Studium jahrelang im Radio gearbeitet habe, fing ich an, Seminare zu geben. Und ich erlebte immer wieder, dass Mitarbeiter und Führungskräfte an ihren Emotionen scheiterten. Entweder, weil ihre Mimik wie ein offenes Buch war und jeder ihnen sofort ihre Stimmungslage ansehen und an der Stimme hören konnte. Oder weil sie aus gewohnten Kommunikationsmustern einfach nicht ausbrechen konnten und immer wieder an sich selbst scheiterten. Ich entwickelte daher das Modell von Frieder Nögge weiter und machte daraus ein Kommunikationsmodell. Mit dessen Hilfe lernten meine Teilnehmer, ihre Emotionen in wichtigen Situationen im Griff zu haben, ohne dabei ihre Authentizität zu verlieren. So albern sich manche Teilnehmer am Anfang auch vorkamen, umso begeisterter waren sie am Ende regelmäßig. Noch heute rufen mich Führungskräfte aus der ganzen Welt an und erzählen mir, wie gerne sie immer noch mit den Elementen arbeiten, selbst wenn das Training schon zehn Jahre her ist. Es ist ein machtvolles Werkzeug. Und in diesem Buch erfahren Sie, wie es funktioniert.

Die vier Superhelden

Vielleicht haben Sie sich schon gefragt, wie ich von Authentizität schreiben kann, wenn meine Theorie doch in hohem Maße von den Geheimnissen der Schauspielerei zehrt. Eine berechtigte Frage.

Genau an diesem Punkt habe ich mich vom Nögge-Modell verabschiedet. Ich bin der festen Meinung, dass wir alle jedes Element in uns haben. Sonst könnte auch der beste Schauspieler sie nicht überzeugend spielen. Wir leben sie nur nicht alle vier im selben Maße aus. Hinter der Floskel »Der hat auch gute Seiten« zum Beispiel steckt derselbe Gedanke: Wir alle tragen unterschiedliche Facetten in uns, die wir je nach Situation oder Lust und Laune hervorblitzen lassen. Mal freiwillig, mal unfreiwillig.

Ich stelle mir gerne vor, dass jedes Element ein Superheld ist, der mir hilft, wenn ich nicht weiterweiß. Ich fühle mich ausgenutzt? Dann kommt ein Superheld geflogen und setzt Grenzen. Ich fühle mich unsicher? Dann steht wie aus dem Nichts ein Superheld hinter mir und gibt mir Rückendeckung. Mir fehlen die Worte? Dann sitzt auf einmal ein Superheld neben mir und reicht mit einen Spickzettel. Ich fühle mich unendlich traurig? Dann reicht mir ein Superheld ein Taschentuch und nimmt mich tröstend in den Arm.

Jeder einzelne Superheld hat seine Stärken. Wie bei den Fantastischen Vier aus der Marvel-Comicreihe. Da gibt es *Mr. Fantastic*, der sich gummiartig verbiegen und verlängern kann. *Die Unsichtbare* kann um sich herum ein Kraftfeld erzeugen, das Geschosse abwehrt. *Die Menschliche Fackel* kann das Feuer kontrollieren, und *Das Ding* ist ein machtvolles Ungetüm aus Stein. Jeder dieser Superhelden hat seine individuelle Stärke, und gemeinsam sind sie in den Comics unschlagbar.

Natürlich hat auch jeder Superheld seine Schwächen. Deswegen sind sie allein verletzlich, weil sie dann vom Gegner genau dort angegriffen werden, wo es wehtut. Sind sie allerdings zusammen, dann gleichen die anderen diese Schwäche aus.

Wir tragen all diese Superhelden in uns. Und wie stark wir sind, in jeder beliebigen Situation, hängt allein davon ab, ob wir im richtigen Moment den richtigen davon zum Vorschein kommen lassen und einsetzen können.

Unsere Freundeskreise sind häufig ähnlich zusammengesetzt, ohne dass uns das bewusst wäre. Ich habe eine tolle Freundin, mit der ich immer jede Menge Blödsinn anstelle. Nach einem Tag mit ihr habe ich vor Lachen Bauchschmerzen. Dann habe ich eine Freundin, die ich immer anrufe, wenn ich traurig bin und emotional total im Eimer. Ein anderer Freund ist immer da, wenn ich mal zwei starke Arme brauche. Und dann habe ich noch einen Freund, der so viel Präsenz hat, dass ich von seinem Licht etwas abbekomme, wenn ich mit ihm eine Feier betrete. Mit der lustigen Freundin kann ich nicht so gut über meine melancholischen Tiefs reden, und mit der emotionalen Freundin fällt das Pferdestehlen schwer, weil sie dafür kein Verständnis hat. So gibt es für viele Facetten in mir die passenden Freunde und Bekannten, und alle zusammen bilden ein unschlagbares Isabel-Team, mit dem ich mich sicher und geborgen fühle.

Und genau so ein Team hat jeder von uns in sich. Wenn wir die vier Superhelden in uns zu koordinieren wissen, können wir auch allein stark sein – ein ganzer Kerl oder eine ganze Frau.

Ich verabschiede mich bei den Elementaren Kommunikationstypen somit vom Schubladendenken und entscheide mich: für alle. So wie ich es im Laden machen würde, wenn ich vier großartige Kleider sehe und auf keines verzichten will. Wenn ich sie mir leisten kann, dann nehme ich alle vier, denn jedes Kleid wird für ein anderes Event perfekt sein. Wenn sie günstig genug sind, warum soll ich mich dann entscheiden?

Auch bei den Superhelden bzw. den Elementen müssen Sie keine Entscheidung fällen. Da gibt es den Erde-Supermann, die Luft-Superfrau, den Feuer-Supermann und die Wasser-Superfrau, und Sie haben alle vier Superhelden in sich. Eine Führungskraft ist vielleicht im Büro eher trocken, sachlich und kurz angebunden und somit typisch Erde. Doch wenn ihr Team einen Termin nicht einhalten kann, dann geht sie cholerisch in die Luft und wird zum Feuer. Wobei sie zu Hause ganz entzückend mit dem kleinen Ziehsohn aus der ersten Ehe ihres Mannes mit der Modelleisenbahn spielt, für ihn in Kindersprache vor sich hin brabbelt und dabei komplett Luft ist. Und wenn sie den entscheidenden Anruf bekommt, dass ihr Vater nach langer Krankheit gestorben ist, dann wird sie ganz weich, traurig, nachdenklich und landet im Wasser.

Auch wenn Sie noch zweifeln: Lösen Sie sich von dem Vorurteil, dass Sie etwas vorspielen sollen. Vertrauen Sie darauf, dass Sie jeden Superhelden in sich haben und deswegen auch aktivieren können. Wenn Sie etwas aktivieren, das schon in Ihnen ist, dann hat das mit Schauspielerei nichts mehr zu tun, und Sie bleiben bei einem authentischen Auftreten. Schon früher wurde die Temperamenten-Lehre als Persönlichkeitsmodell aufgefasst, und genau das ist sie auch.

Sie können an Ihrer Persönlichkeit arbeiten, indem Sie Ihre eigenen Stärken bewusster wahrnehmen und aktivieren. Natürlich nur, wenn Sie wollen. Sie können dieses Buch aus reinem Interesse lesen oder es nutzen, um sich weiterzuentwickeln, indem Sie sich noch besser kennenlernen. Und Sie können jederzeit bei anderen die richtige Ansprechhaltung finden. Sowohl privat als auch beruflich.

Wie schon angedeutet, hat jeder Superheld auch seine schwache Seite. Der Feuer-Supermann kann zum Beispiel begeistern, indem er den Funken überspringen lässt. Er kann aber auch bei einem cholerischen Anfall alles um sich herum niedermachen und nur noch verbrannte Erde hinterlassen. Die Luft-Superfrau ist sehr kreativ, hält jedoch leider auch unberechenbar ihr Meinungs-Fähnchen in den Wind und wird dadurch zum Luftikus, den keiner zu fassen bekommt. Der Erde-Supermann kann mit seiner ruhigen Art komplizierte, sachliche Zusammenhänge perfekt auf den Punkt bringen, doch er ist des Smalltalks unfähig, weil ihn solche Banalitäten wie das Wetter nicht interessieren. Und die Wasser-Superfrau bringt die Tiefe, die Weisheit und die Gefühle in Projekte und Gespräche. Das ist großartig. Allerdings ist sie dafür auch für viele der emotionale Abfalleimer und wird mit Problemen anderer Leute zugeschüttet, weil sie kein Stoppzeichen kennt.

Falls Sie sich in einer der obigen Beschreibungen wiedererkannt haben und sich nun fragen, ob Sie im falschen Körper geboren sind: Keine Sorge, alles in Ordnung. Ich habe die Riege der Superhelden deshalb in zwei Männer und zwei Frauen unterteilt, weil die Elemente Feuer und Erde die traditionell männlich assoziierten Anteile in uns verkörpern und die Luft sowie das Wasser die traditionell weiblich besetzten Anteile symbolisieren. Das bedeutet aber nicht, dass die Damen nur Wasser oder Luft sein können oder die Herren ausschließlich zu den männlichen Elementen greifen. Herrn Stegmann zum Beispiel lebt, wie Sie im nächsten Kapitel erkennen werden, bisher ein weibliches und ein männliches Element aus. Die Unterteilung nach Geschlechtern ist somit eine Unterteilung in die weiblichen und männlichen Anteile, die wir alle in uns haben.

Kein Superheld ist besser als der andere. Und am stärksten sind alle vier zusammen. Wobei es – mindestens für den Anfang – auch völlig ausreicht, wenn Sie zwei oder drei der Superhelden aktiv mit ihren Stärken nutzen. Wir wollen ja nicht gleich übertreiben. Es geht nicht darum, perfekt zu werden, sondern darum, sich selbst noch besser kennenzulernen, optimal auf andere zuzugehen und mit ihnen zu kommunizieren.

Die Abweichung und das Besondere

Fassen wir noch einmal zusammen: Wir haben alle Stärken in uns, von denen wir bisher dachten, dass nur andere sie hätten. Wir können unsere Stimmung wechseln und dabei authentisch bleiben. Und ganz wichtig ist, dass kein Superheld besser ist als der andere. Jeder hat seine Stärken und Schwächen.

Sie entscheiden aus dem Bauch heraus, mit welchen Helden Sie sich am wohlsten fühlen, und leben bewusst deren Stärken aus. Bei den früheren Modellen gab es häufig schon Antipathien zum Beispiel aufgrund der Bezeichnung »schwarze Galle«.

Ab sofort sind Schubladen passé, und Sie können bewusst von einer in die andere springen. Denn: Sie können auch anders.

2. Herr Stegmann und seine Superhelden

Herr Stegmann hält das Pappmodell des neuen, autarken, umweltfreundlichen Hauses in beiden Händen. Er steht mit hochrotem Kopf breitbeinig über dem Papierkorb und überlegt, ob er es einfach dort reinfallen lässt. Am liebsten würde er es gegen die Wand knallen. Am meisten ärgert er sich, dass er den Bau des Modells an Frau Winter delegiert hat. An diese stumpfsinnige Melancholikerin, die mehr damit beschäftigt ist, über die Ungerechtigkeiten in der Welt nachzudenken, als mal so ein simples Pappmodell nach seinen Wünschen anzufertigen. Dabei hat er ihr doch genau erklärt, wie sie es machen soll, was die wichtigsten Bausteine sind und warum es für die Präsentation heute perfekt sein muss.

Er hat es ihr erklärt. Haarklein.

Warum macht sie dann alles falsch? Entweder ist sie zu blöd für diesen Job, oder sie hat ihm nicht zugehört, was auf dasselbe hinausläuft.

Oder war er vielleicht doch nicht in der Lage, es ausreichend zu erklären?

Er überlegt kurz, während das Pappmodell noch immer über dem Papierkorb schwebt.

Nein. Er hat es gut erklärt. An ihm liegt es nicht.

Doch nun hat er ein Problem. In fünf Stunden soll er Herrn Kraft und seinem Beraterteam dieses neue Modell präsentieren. Auf PowerPoint wollte er verzichten, weil er immer mit dem blöden Klicken und gleichzeitigen Reden und dem Erstellen der Folien völlig überfordert ist. Deswegen kam er auf die grandiose Idee, das fertige Modell im Mini-Format vorzuführen. Keine wirklich neue Idee, okay, aber etwas anderes ist ihm nicht eingefallen. Nur warum hat er diese Aufgabe delegiert? Warum hat er es nicht gleich selbst gemacht? Warum kann Frau Winter nicht einmal die Dramen des Lebens vergessen und vernünftig arbeiten?

Er stellt das Pappmodell mit Wucht auf den Schreibtisch. Dort lässt es die Unordnung noch ein wenig chaotischer aussehen. Stegmann seufzt tief und setzt sich auf seinen Schreibtischstuhl.

Was jetzt?

Ja, was jetzt? Der arme Herr Stegmann kann einem leidtun. Er hat zwei tolle Superhelden in hoher Ausprägung in sich, doch er lebt leider eher ihre Schwächen aus als ihre Stärken. Die Elemente Luft und Feuer sind stark ausgeprägt bei Herrn Stegmann. Großartige Superhelden: die Luftfrau und der Feuermann.

Luft ist sehr kreativ. Auch der Smalltalk ist eindeutig eine ihrer Stärken. Diese kleinen oberflächlichen Gespräche liegen ihr.

Das mit der Kreativität bekommt Herr Stegmann auch super hin. Dafür winkt bald die Beförderung. Doch den Smalltalk mag er gar nicht, obwohl es eine Stärke ist, die in ihm steckt. Auf Frau Winter hat er dagegen ohne Punkt und Komma eingeredet und sie damit völlig überfordert. Frau Winter bräuchte eine komplett andere Ansprache, und der Sprechdurchfall von Herrn Stegmann hilft ihr kein Stück, weswegen sie seine Aufgaben auch nicht korrekt umsetzt. Diese unklaren Ansagen sind in der Tat eine Schwäche von der Luft.

Vom Feuer lebt Herr Stegmann eher die cholerischen Wutanfälle aus und nicht die Kunst, andere zu begeistern, den Funken bei einer Präsentation förmlich überspringen zu lassen. Auch diese Stärke schlummert in ihm, doch er ist sich dessen überhaupt nicht bewusst.

Das Element Wasser lebt er so gut wie gar nicht aus, weswegen ihm auch Gespräche mit Frau Winter schwerfallen, die im beruflichen Alltag definitiv stark Wasser ist. Solange er nicht ihre Sprache spricht bzw. die passende Ansprechhaltung findet, wird sie ihn weiterhin falsch verstehen.

Ich will hier keine Verantwortung verteilen, sondern vielmehr darauf hinweisen, dass Herr Stegmann dies ändern könnte, wenn er es ändern wollte. Und zwar ohne sich zu verbiegen und ohne Schauspielerei.

Auch zum vierten Element Erde hat er kaum einen Bezug. Schade, denn Erde kann sachliche Inhalte sehr schlüssig präsentieren und erklären und ist der Weltmeister in Konflikten, um nur einige Stärken zu nennen.

Kein Problem, Herr Stegmann kann auch mit zwei Superhelden glücklich werden und eine gute Führungskraft abgeben. Dafür wäre es allerdings wichtig, sich aller Stärken bewusst zu werden, die schon in ihm schlummern. Und natürlich auch aller Schwächen, damit er in so einer Situation bewusst einem anderen Superhelden die Führung übergeben kann.

Bei seinem Wutanfall hätte es ihm schon sehr geholfen, wenn er bewusst in das Element Luft gegangen wäre. Luft bringt mehr Leichtigkeit. Luft ermöglicht das Querdenken. Luft steigert die Kreativität, die er für die Neuerstellung der

Präsentation definitiv braucht. Luft schmollt mal kurz wie ein kleines Kind, aber dann sprüht es wieder vor Ideen, Leichtigkeit und Lebenswillen. Es wäre ein Leichtes, dieses Element zu aktivieren, um aus dem Feuer rauszukommen, welches ihm bei Konflikten überhaupt nicht hilft. Bei der Präsentation hingegen könnte das Feuer ihm helfen, damit er sowohl ohne PowerPoint als auch ohne Papp-Haus begeistern und überzeugen kann.

Das alles sind authentische Facetten von Herrn Stegmanns Persönlichkeit, die er im Moment leider noch nicht auslebt, weil er sich dieser Stärken überhaupt nicht bewusst ist.

Bevor ich Ihnen erkläre, wie Sie ganz leicht von einem Element und somit von einer Emotion bzw. einer Stärke zur anderen kommen, schauen wir uns erst einmal die Elemente im Einzelnen an. Sie dürfen während des Lesens gerne überlegen, welche Elemente wohl in welcher Ausprägung in Ihnen schlummern. Und lassen Sie sich dabei nicht irritieren, wenn Sie sich nur in ein paar Facetten eines Elements wiederfinden. Selbst ein paar kleine Facetten zeigen deutlich, dass Sie dieses Element nutzen. Wer vor lauter Wut ein Papp-Haus gegen die Wand knallen kann, der kann auch bei einer Präsentation begeistern. Beides ist Feuer. Es ist ein Element, das nur darauf wartet, voll ausgelebt zu werden. Es wäre doch schade, wenn Herr Stegmann und Sie auch weiterhin nur die Kehrseite der Medaille ausleben würden.

Bei den Beschreibungen der Elemente werde ich mich nur auf jeweils ein Element konzentrieren. Ich mache also nur die Schublade Erde oder die Schublade Wasser oder die Schublade Feuer oder die Schublade Luft auf. Und dann werde ich nur über das reden, was in dieser einen Schublade drin ist, damit Sie einen guten Eindruck von diesem einen Element bekommen.

Da wir alle mehrere Elemente im täglichen Leben nutzen, brauchen Sie keinen Respekt davor zu haben, in so einer Schublade zu versinken. Wenn die Erde keinen Smalltalk mag, dann gehen Sie später einfach in das Element Luft und bekommen es mit Leichtigkeit hin. Wenn das Wasser mal wieder in einem Problem ertrinkt, dann wechseln Sie in Erde, um sich mit den sachlichen Fakten über Wasser zu halten und eine Lösung zu suchen. Es steckt alles in Ihnen. Und wie Sie den Schritt vom einen ins andere schaffen, zeigen ich Ihnen später.

Behalten Sie das im Hinterkopf, wenn ich Ihnen nun in typischer Schubladendenken-Manier die einzelnen Elemente vorstelle. Über diese extrem fokussierte Vorstellung, was in jeder einzelnen Schublade drin ist, können Sie erstens leichter entscheiden, welche der Elemente Sie schon leben. Zweitens bekommen Sie über diese überzogene und klischeehafte Vorstellung sofort ein klares Bild von jedem Element. Je stärker diese Bilder sind, desto leichter können Sie sich daran erinnern und das Bild immer dann aktivieren, wenn Sie Hilfe von diesem Superhelden brauchen.

Auch wenn das Leben eine große Grauzone ist, so ist es lerntechnisch schlau, im ersten Schritt mit Klischees und übertriebenen bildhaften Vorstellungen zu arbeiten. Und genau damit fange ich jetzt an.

Überzeugend, aber auf Dauer langweilig – der Erde-Supermann

In meiner Kindheit habe ich viele Erde-Männer getroffen, die als Landwirte gearbeitet haben. Sie kamen mit ihrem Trecker vorbeigefahren, hielten an, setzten sich mit meinem Vater auf die Bank, tranken ein Bier und einen Korn und beantworteten alle Fragen so wortkarg wie möglich. Fragte mein Vater: »Und? Wie geht es?«, dann kam gerne mit einem neutralen Gesichtsausdruck die Antwort: »Ja, muss ja. Die Kartoffeln bekommen grade zu wenig Wasser. Das vertrocknet alles auf den Feldern, wenn es nicht bald wieder regnet.« Oder: »Ja, muss ja. Es ist trocken, und wir können die Ernte ohne Unterbrechung reinholen.« Es spielte keine Rolle, ob der Antwortende glücklich oder traurig war, der neutrale Gesichtsausdruck blieb derselbe.

Wobei Erde auch ein Meister des trockenen Humors ist. Fragte meine Mutter den Landwirt Reinhard, wie es ihm gerade ging, dann meinte er häufig: »Nicht so gut. Die Rinder wurden alle am Hals operiert.« Meine Mutter schaute ihn dann ganz bekümmert an und fragte: »Echt? Und? Haben sie es überlebt?« – »Nein. Alle gestorben.« Sprach's mit neutralem Gesichtsausdruck und hielt sein Glas hin, um noch einen Korn eingeschenkt zu bekommen.

Erst ein paar Jahre später hat meine Mutter dann endlich verstanden, dass mit der Halsoperation die Schlachtung gemeint war. Für Reinhard muss es innerlich ein Fest gewesen sein, meine Mutter so hinters Licht zu führen, doch an seinem Gesichtsausdruck war das nicht zu erkennen.

Ähnliches berichtet die Glücksexpertin Maike van den Boom von den Finnen. Sie bereiste für ihr Buch *Wo geht's denn hier zum Glück?* die 13 glücklichsten Länder der Welt – darunter auch Finnland. Was manchen wundern mag, denn für ihre Fröhlichkeit sind die Finnen ja nicht unbedingt bekannt. Auch die Autorin kam ins Zweifeln, als sie einen jungen Finnen vor laufender Kamera befragte: Sind Sie glücklich? Ihr Gesprächspartner schaute mit Pokerface in die Kamera und meinte: »Ja.« Als er auch nach einer quälend langen Pause nichts mehr hinzufügte, fragte Maike, wie glücklich er sich einschätzen würde auf einer Skala von 1 bis 10, wobei 1 total unglücklich sei und eine 10 mega-glücklich bedeuten würde. Wieder schaute der junge Mann neutral in die Kamera, überlegte kurz und meinte: »8,4.« Was im internationalen Vergleich übrigens eine sehr hohe Zahl ist, an welche die meisten Deutschen nicht heranreichen. Trotzdem verzog der junge Mann dabei keine Miene. Als die Autorin die Aufnahme später einem Fernsehsender zeigte, erklärte ihr der Redakteur, das könne man so nicht senden. Der junge Mann sehe schließlich kein bisschen glücklich aus.

Oh, doch. Nur in Erde-Manier. Bei einem großen Unternehmen wurde mal eine Dame in mein Kommunikationsseminar geschickt, weil sie sich zu wenig der Blümchensprache bediente. Sie saß vor mir und sprach unglaublich klar und kam sehr schnell auf den Punkt. Dies wird bei Männern häufig nicht nur akzeptiert, sondern auch als Stärke angesehen. Nur war diese Dame eindeutig eine Frau und von denen wurde in diesem Unternehmen mehr Weichheit erwartet. Daher sollte sie lieblicher, weicher und einfühlsamer mit ihrem Team reden. Sie sah mich mit bittendem Blick an und bat mich, ihr zu zeigen, wie sie häufiger um den heißen Brei herum reden könne, damit sie als weiblicher und weicher wahrgenommen werden könne. Diese Frau war und ist weiblich. Nur schnörkellos, klar und direkt im Erde-Kostüm.

Was assoziieren wir mit Erde? Fruchtbare Muttererde, Wüste, wenig Emotionen, eine solide deutsche Eiche, Souveränität, Bewegungslosigkeit, Sachlichkeit, Stärke, Garten, Sturheit, etc. Sehr widersprüchliche Aspekte, und doch ist das alles wahr und gehört zum Konzept der Erde dazu. Ihnen fallen bestimmt noch viele weitere Assoziationen ein; vor allem, wenn Sie jemanden kennen, der Erde ist.

Ob nun Mann oder Frau: Nach der Erde sehnen wir uns alle. Er kommt und hilft uns in jeder Situation. Er stellt sich zwischen uns und das Problem, und allein dadurch wird alles gut. Er ist ein Rudelführer, der Ruhe ausstrahlt und Souveränität. Sie ist die Chefin, die sich bei einer erhitzten Diskussion in einem Meeting die ganze Zeit zurücklehnt und nur die Beobachterin spielt. Bis zu dem Moment, wo sie aufsteht, was alle anderen verstummen lässt, und kurz sagt: »Vorschlag A fand ich gut, das machen wir. Was der Meyer gesagt hat, geht im Moment noch nicht, aber da sollten wir am Ball bleiben. Und alles andere können Sie in die Tonne treten.« Sprach's und verließ den Konferenzraum. Sie ist keine Frau vieler Worte, weil für sie in solchen Situationen auch kein ausschweifender Wortsalat angebracht ist.

Er ist der Nachbar, mit dem man – wortkarg – Pferde stehlen kann. Der immer da ist und immer zur Stelle, wenn Not am Mann ist. Mit diesem Freund können Sie zusammen schweigen, bis der Arzt kommt. Es mag langweilig aussehen, aber der Erde-Supermann langweilt sich nicht. Er denkt nach oder genießt auch mal die Leere im Kopf. Denn Leere schafft Ordnung.

Was ich persönlich übrigens gut nachvollziehen kann. Je minimalistischer Sie leben, desto leichter fällt es, den Überblick zu behalten. Ich besitze zum Bespiel kaum Gegenstände. Jeder, der meine Wohnung zum ersten Mal betritt, fragt mich, ob ich gerade eingezogen bin oder schon alles für den nächsten Umzug eingepackt habe. Ich besitze keine Schränke, weil ich nichts besitze, was ich da reinstellen könnte. Im Schlafzimmer gibt es ein Bett und eine Kommode. Im Wohnzimmer ein Sofa mit einem Couchtisch und noch einen Esstisch mit zwei Stühlen. Im Badezimmer nur zwei kleine spanische Nachttische und im Flur: gar nichts. Dadurch ist ein Frühjahrsputz sehr simpel und schnell erledigt. Wenn ich etwas nicht finden kann, gibt es nur wenige Suchmöglichkeiten. Ist meine Kommode voll, sortiere ich aus und verschenke einiges. Ich empfinde meine Wohnung so als sehr gemütlich, und die Ordnung verschafft meinem Kopf Ruhe, da nirgendwo Putz- oder Aufräumbaustellen auf mich warten.

Diese minimalistische Ordnung genießt die Erde auch im Kopf. Schön aufgeräumte Gedanken, solide in Schubladen verpackt, und wenige störende Emotionen.

Erde in Konflikten

Durch ihre ruhige Art ist die Erde der perfekte Schlichter bei Konflikten. Und wenn wir mal ganz ehrlich sind, ist er auch der einzige Superheld, der bei Konflikten überzeugend auftreten kann. Während die Luft schmollt, das Feuer cholerisch Papp-Häuser an die Wand knallt und das Wasser sich in Emotionen ergießt, steht die Erde ruhig da und sagt einfach: »Bis hierher und nicht weiter!« Viele Western bauen auf diese Art von Helden. Harte (erdige) Schale und weicher (unkommunikativer) Kern. Der Westernheld in Erde lässt sich viel gefallen. Er denkt über die Handlungen der anderen nach, bevor er reagiert. Erst wenn es ihm zu viel wird, dann holt er sein Gewehr, sattelt sein Pferd und reitet los, um sich zu rächen bzw. den anderen einen Denkzettel zu verpassen. Er betritt einen Salon, steht minutenlang im Türrahmen, schlendert dann zur Theke und bestellt erst einmal einen Schnaps. Cool, lässig, souverän, wortkarg und geerdet. Daher auch die breitbeinige Pose beim Duell. Und wenn er die Bardame küsst, dann ist klar, dass er eine Beziehung mit ihr haben will. Oder zumindest eine langfristige Affäre. Dies ist seine Art, ihr mitzuteilen, dass er sie gernhat.

Alles, was Erde macht, hat eine Bedeutung. Erde würde niemals einen Menschen einfach so umarmen, wenn sie es nicht so meinen würde. Während meiner Schulzeit kam der Trend auf, dass wir uns zur Begrüßung alle umarmten. Bei 25 Schülern hatte jeder von uns eine Menge zu tun. Erst haben wir uns nur mit einem Arm ganz lässig umarmt, dann ging der Trend zur Doppelumarmung und dann sogar zum Küsschen. Der Trend kam, Feuer, Wasser und Luft machten den Spaß mit, der Trend ging. Und Erde? Erde blieb sich treu, schaute dem Trend schweigend beim Vorbeiziehen zu und machte nicht mit. Erde umarmt nur diejenigen, die sie mag und bei denen sie das Gefühl hat, dass eine Umarmung jetzt für beide Seiten gut wäre.

Wenn Erde bei einer Präsentation seinen Standort wechselt, dann ist das wichtig. Denn einfach nur so, weil er Hummeln im Hintern hat, bewegt er sich nicht freiwillig. Bei der Erde ergibt es also durchaus Sinn, immer mal wieder zu überlegen, was er damit sagen will. Ein Sinn steckt immer dahinter, auch wenn Sie ihn nicht sofort erkennen.

Demzufolge ist natürlich Smalltalk nicht Erdes Stärke. Das Wetter interessiert den Landwirt Reinhard, weil seine Ernte davon abhängt, aber einen Erde-Kollegen im Büro wird das Wetter wenig interessieren. Vielleicht am Wochenende, wenn das Wetter darüber entscheidet, ob er draußen mit seinen Kumpels den Grill anwerfen kann oder nicht. Aber während er im Büro sitzt und arbeitet, interessiert ihn kein Wetter.

Überhaupt interessieren ihn keine Oberflächlichkeiten. Wenn er einer Frau einmal gesagt hat, dass er sie hübsch findet, dann ist das fix. Da braucht er nicht noch jedes einzelne Kleid und jede frisch geföhnte Frisur zu loben. Das ändert ja nichts an der Tatsache, dass er die Dame hübsch findet. Punkt. Was übrigens mal sehr entspannend ist, wenn Sie so einen Lebenspartner haben, denn er liebt Sie auch mit Jogginghose, ungeschminktem Gesicht und ein paar Kilo zu viel. Feuer würde eine spontane Gewichtszunahme nicht so entspannt hinnehmen, weil Sie sein Statussymbol sind, und in so einem in seinen Augen ungepflegten Zustand sinkt der Status doch deutlich. Auch Wasser würde es irritieren, weil es sich fragt, ob die Liebe noch stark genug ist, wenn Sie sich so gehen lassen. Luft hätte wiederum keine Probleme mit dem Schwimmring – kann ja schnell wieder weg sein.

Erde konzentriert sich aufs Wesentliche. Wenn Sie einen Kunden haben, der typisch Erde ist, dann quälen Sie ihn nicht mit oberflächlichem Smalltalk. Kommen Sie sofort zu den Zahlen, Daten und Fakten, und fragen Sie ihn nicht, wie ihm das Wetter gefällt. Dafür werden Sie nur einen verständnislosen Blick kassieren.

Auch bei Präsentationen kann der Erde-Supermann meistens nicht glänzen. Er spricht zwar gut und überzeugend, aber auf Dauer langweilig. Ihm fehlt das Feuer, das Storytelling, der Schenkelklopfer-Humor, alles Dinge, die einen Redner auszeichnen und ein Publikum begeistern. Sicherlich hat die Erde ihren trocknen Humor, doch der wird auf der Bühne häufig erst nach zehn Minuten verstanden. Und wenn dann einige wenige im Publikum laut loslachen, wirkt es für den Rest irritierend. Die große Bühne mit einem zweistündigen Vortrag ist für die Erde also nicht die perfekte Plattform, um zu glänzen, dafür umso mehr kurze Ansprachen oder Zusammenfassungen bei internen und externen Präsentationen.

Privat ist er der Ehemann, der nach zwei Jahren zum ersten Mal »Ich liebe dich« sagt. Und dem diese drei kleinen Worte dann die nächsten vier Jahre nicht mehr über die Lippen kommen, weil er sie ja bereits gesagt hat. Das ist in Stein gemeißelt. Warum eine Tatsache unnötig wiederholen? Dadurch wird sie nicht wahrer.

Das ist vielleicht nicht gerade das, was sich eine Frau im privaten Leben wünscht, aber es ist genau das, was sie von der Erde bekommt. Und das könnte auch einer der Gründe sein, warum so manche Frau dann mit dem Feuer spielt. Denn ein Feuer-Mann umschwärmt eine Frau, begeistert sie, lässt sie an seinem Glanz teilhaben und ist ein begnadeter Redner. Mit einem Feuer-Mann wird es nie langweilig. Natürlich redet er meistens darüber, wie toll er ist, aber selbst das erzählt er so spannend, dass die meisten Frauen verstummen, ihm gebannt lauschen und ihn anhimmeln. Das kann schon mal zu einer heißen Affäre führen, wenn zu Hause eher die Stille praktiziert wird. Das soll keine Entschuldigung sein, nur eine Erklärung.

Und Vorsicht: Der gehörnte Erde-Ehemann sollte das besser nicht herausfinden. Denn wenn Sie sein Vertrauen einmal so heftig missbrauchen, dann wendet er sich wahrscheinlich unwiderruflich von Ihnen ab. Wenn der Feuer-Mann dann genug von der Affäre hat, stehen Sie ganz alleine da. Ich habe schon viele Frauen erlebt, die so eine Affäre bitter bereut haben und sich den zuverlässigen, wortkargen, aber auch liebevollen Erde-Mann zurückwünschen. Er sagt vielleicht nicht so häufig, dass er Sie liebt, aber er zeigt es, indem er grummelnderweise das Schlafzimmer nach Ihren Wünschen umbaut.

Eine liebe Bekannte von mir ist stark Erde. In der Beziehung bedeutet dies, dass sie klar entscheidet, wie viel Nähe sie haben will. Im Kino Händchen halten? Warum? Sie will den Film sehen. Zum Knutschen kann sie auch zu Hause bleiben, ohne Geld für einen Film auszugeben, von dem sie nur Bruchstücke zu sehen bekommt. Im Alltag alles gemeinsam machen? Warum? Sie will alleine einkaufen, weil sie ganz genau weiß, was sie braucht, wo sie es findet und wie viel es kosten sollte. Warum sollte sie mit ihrem Freund über Brot diskutieren, wenn sie selbst genau weiß, was sie will und was sie nicht will. Wenn er ein anderes Brot möchte, kann er es ja klipp und klar sagen und dann kauft sie es mit, aber keine Diskussionen und ständige Meinungsänderungen auf dem Supermarktflur bitte. Das ist nichts für die Erde-Frau.

Apropos Zuverlässigkeit: Wenn Sie einen Umzug planen, dann sagen Feuer, Wasser und Luft häufig mehr oder weniger kurzfristig ab. Aus den unterschiedlichsten Gründen. Aber die Erde steht vor der Tür und sagt: »Okay, dann packen wir es auch alleine.« Ich kann mich noch genau erinnern, wie ich einmal bei einem Umzug zwanzig Freunde und Bekannte motivieren konnte, die dann aber fast alle aus den unterschiedlichsten Gründen leider nicht kommen konnten. Eine meiner besten Freundinnen, die einen hohen Erde-Anteil hat, stand mit 40 Grad Fieber schwankend vor meiner neuen Wohnung und meinte nur: »Was ich versprochen habe, halte ich auch.« Das Blöde ist, dass wir uns kaum bei diesen Erde-Menschen für ihre Zuverlässigkeit bedanken können. Denn wenn Sie einen Erde-Mann auf eine Einweihungsfeier einladen, dann steht er lässig an die Wand gelehnt da, einsam und allein auf weiter Flur mit seinem Bier in der Hand. Kein Lachen, kein Herumalbern, kein Tanzen. Er schaut mit Pokerface in die Runde. Er beobachtet und trinkt und beobachtet wieder. Wenn Sie dann hingehen und ihn fragen, wie es ihm ginge, dann kommt ein fröhliches »Super!«, um danach wieder mit der Wand zu verschmelzen.

Einige Erde-Menschen tauchen gerne mal in die Stille ab, gehen in ihre Höhle und entziehen sich jeglicher Kommunikation. Vor allem, wenn sie gerade von der Arbeit nach Hause kommen oder wenn sie von einem Meeting wieder in ihr Büro zurückkehren. Diese Damen und Herren würden gerne zehn Minuten in Ruhe gelassen werden, bevor sie mit »Wie war's«-Fragen überfallen werden.

Mark Gungor ist ein Autor aus den USA, der in seinem Buch *Laugh your way to a better marriage* beschreibt, wie ein Männergehirn funktioniert. Neurowissenschaftlich fundiert ist seine Argumentation nicht gerade, aber er trifft den Nerv der Zeit, wenn er davon berichtet, dass Männer jedes Thema in einzelne Schachteln packen. Das männliche Gehirn sei somit voller Schachteln, und in jeder einzelnen sei nur ein Thema, schreibt Gungor. Wenn Sie einen Mann also auf ein Thema ansprechen, dann wird er laut diesem Modell nur diese eine Box ganz vorsichtig hervorkramen und nur über das reden, was da drin ist. Besonders wichtig ist dabei, dass keine Schachtel die andere berührt. Und seine Lieblingsschachtel ist die, wo nichts drin ist. Rein gar nichts. Absolute Leere. Mark Gungor nennt es die Nichts-Box.

Wenn Frauen das lesen oder hören, dann ergibt das Schweigen ihres Mannes auf einmal einen Sinn. Übrigens hilft es manchmal schon, wenn Sie diese Nichts-Box zu Hause ansprechen, denn dann fühlt sich Ihr Mann mit seinem Wunsch nach Stille und Schweigen gesehen. Und das führt dazu, dass er manchmal schon nach fünf Minuten von selbst anfängt, vom Tag zu berichten. Ich habe das schon einige Male von Ehefrauen als Rückmeldung bekommen. Natürlich sind nicht alle Männer so. Aber fast alle Erde-Menschen.

Als ich bei einem Vortrag über Männer- und Frauenkommunikation davon erzählte, dass einige Herren gerne in dieser Nichts-Box verschwinden, da kam eine Dame auf mich zu und meinte: »Was mache ich aber, wenn mein Mann ständig in diesem Nichts ist? Er redet dann nicht mit mir, er hört nur mit einem halben Ohr zu, ich komme einfach nicht an ihn ran.«

Dann ist er Erde in seiner reinsten Form. Das hält er ohne Probleme ein ganzes Wochenende durch, ohne zu bemerken, dass andere sein Verhalten eigenartig finden könnten. Was kann die Frau nun tun? Sie kann ihn mit einer fachlichen Diskussion ködern oder sich einfach schweigend zu ihm gesellen.

Ich wiederhole mich: Erde macht nichts, was für ihn keinen Sinn ergibt. Und wenn Reden an einigen Tagen keinen Sinn ergibt, dann wird er es nicht machen. Wenn er die Frau allerdings abgöttisch liebt, dann würde er ihr zuliebe zumindest für ein paar Wortfetzen mal den Mund öffnen. Es kann also auch helfen, wenn Sie ihm klar sagen, dass Sie sein Schweigen nicht verstehen und sich wünschen, dass er etwas häufiger reden würde.

Und behalten Sie stets das Positive vor Augen: Sie haben mit ihm eine verlässliche Bank. Auch wenn die etwas altbacken und über die Jahre langweilig erscheint, so bleibt Ihnen diese Bank immer erhalten, solange Sie nicht zu sehr nerven oder die Erde enttäuschen.

Erde im Job

Im Geschäftsleben liebt die Erde Zahlen und ist daher häufig Buchhalter oder Steuerberater. Wie schon bei den Assoziationen beschrieben, ist Erde wie eine deutsche Eiche: solide und unverrückbar. Wobei die Erde durchaus bereit ist, ihre Meinung zu ändern, wenn sie dafür gute Argumente bekommt. Mit Emotionen, Zutexten und Heulattacken bewegen Sie die deutsche Eiche keinen Nanometer zur Seite. Erde sagt gerne mal »Nun werde doch mal sachlich!«. Und ich rate Ihnen dringend, dann auch sofort kurz und knackig die Sachlage zu schildern, nah an den belegbaren Tatsachen zu bleiben und Ausschweifungen zu vermeiden. Sonst werden Sie diesen Kunden, diesen Chef nicht überzeugen und diesen Ehepartner nicht zum Plaudern bringen.

Und ich wiederhole mich gerne: Natürlich kann auch eine Frau Erde sein, genauso wie Herr Stegmann einen hohen Luft-Anteil hat. Erde ist zwar der männliche Anteil in uns und Luft der weibliche, doch da jeder Mensch männliche und weibliche Anteile in sich hat und auslebt, kann natürlich auch jeder jedes Element ausleben.

Gerade in der Führungsebene von internationalen Unternehmen habe ich viele Frauen kennengelernt, die hauptsächlich Erde und Feuer ausleben. Beide Elemente sind männlich. Das merken Sie diesen Frauen aber auch schnell an, da sie männlicher rüberkommen als so mancher Mann. Würden Sie weiblicher wirken wollen, dann wären die Elemente Wasser und Luft gefragt. Ich persönlich würde mir manchmal mehr Weiblichkeit in der Führungsebene wünschen. Und bin mir sicher, dass in Zukunft immer häufiger die Damen den Weg nach oben schaffen werden, die ihre weiblichen Anteile selbstbewusst ausleben, und weniger die männerähnlichen Frauen.

Sie brauchen für ein berufliches Problem eine emotionslose, sachliche Analyse? Dann fragen sie einen Erde-Supermann. In diesem Bereich kann er glänzen. Wie ein professioneller Mediator blendet er jegliche Emotionen aus und ergründet die darunter liegende Sachlage. Ein Erde-Mann spricht genauso wie es die Rhetorik-Lehrbücher für überzeugendes Reden vorsehen. Er überlegt, bevor er redet, wie wir es von unserem Altkanzler Helmut Schmidt kannten. Er hat manchmal nach einer Fragestellung erst eine ganze Zigarette aufgeraucht, bevor er sich zu einer kurzen Antwort hinreißen ließ.

Wobei Helmut Schmidt natürlich auch flammende Reden halten konnte, aber in diesen Situationen war er in Erde.

Die Aussagen der Erde klingen fundiert und wie Tatsachen, weil er erst dann redet, wenn er weiß, was hinter dem Gleichheitszeichen steht. Er spricht in einem ruhigen, entspannten Tonfall, hält den Blickkontakt und bewahrt sich dabei eine sparsame, aber überzeugende Körpersprache.

Alles, was die Erde macht, ist wohl überlegt. Aktuelle Trends und Modeerscheinungen schlittern ungesehen an der Erde vorbei. Einen neuen Anzug kaufen, einen neuen Pullover oder eine neue Winterjacke? Warum? Die alten Sachen sind doch noch prima in Schuss für ihre zwanzig Jahre. Erde ist da pragmatisch und uneitel. In der Bekleidungsbranche werden Sie die Erde-Menschen daher selten im Verkauf finden, sondern stattdessen in der Buchhaltung oder Führungsebene.

In einer Gefahrensituation sind es die Feuer- und Erde-Menschen, denen wir folgen. Den Ersten, weil sie uns überreden und den anderen, weil sie uns überzeugen. Erde behält auch in hektischen Situationen einen kühlen Kopf und hält nach Lösungen Ausschau. Daher gibt es auch unter den Feuerwehrleuten und Polizisten viele Erde-Frauen und Erde-Männer. Cholerische Hitzköpfe sind dort fehl am Platz.

Ich habe mal für die Polizei als Trainerin gearbeitet, als es um Verhandlungen bei Entführungen ging. Hier ist es wichtig, einen kühlen Kopf zu bewahren und die richtigen Argumente zur richtigen Zeit zu platzieren. Einfühlungsvermögen ist natürlich auch gefragt, doch noch wichtiger als die Empathie ist in diesem Fall, dass der Verhandler glaubwürdig und nicht zu emotional wirkt.

Auch nach dem Ende einer Entführung ist es hilfreich, wenn der Polizist Erde ist. Denn wenn jemand dabei gestorben ist, kommt Erde damit besser klar als zum Beispiel Wasser. Das Wasser wird sich noch Jahre damit quälen, dass sie das Opfer nicht retten konnte. Die Erde weiß dagegen, dass nicht er das Opfer ermordet hat, sondern der Entführer. Und natürlich ist es auch für ihn hart, doch eben nicht über Jahre hinweg. Es sei denn, er hat einen Fehler gemacht, der zu dem Tod führte. Das wirft sich die Erde dann ein Leben lang vor. Innerlich. Meistens ohne großartig Worte darüber zu verlieren.

Versuchen Sie nicht, ihn dann zu einer Therapie zu überreden. Das ist für die Erde Schwachsinn mit Himbeersoße. Was soll es bringen, über Gefühle zu reden? Und selbst wenn: Kein Mensch kann über seine eigenen Gefühle so gut Bescheid wissen wie er selbst. Die Erde therapiert sich, indem sie nachdenkt.

Verkäufer, die bei Preisverhandlungen eine Zahl auf den Tisch knallen und dann so lange ruhig eine Pause aushalten, bis das Gegenüber klein beigibt, sind auch Erde. In diesen Positionen sind sie perfekt besetzt. Es sind aber auch die Macher im Hintergrund. Wenn ein charismatischer Feuer-Mensch dem Kunden das Blaue vom Himmel versprochen hat, dann sieht die Erde – gern auch fluchend und augenverdrehend – zu, dass der Kunde das Meiste davon auch bekommt. Und falls allzu utopische Wünsche nicht umsetzbar sind, dann spricht er dies klar an. In sachlichen Zusammenhängen hat die Erde keine Probleme, Klartext zu reden. Bei emotionalen Feedbackgesprächen fehlen ihr manchmal die Geduld und das nötige Fingerspitzengefühl.

Der Erde-Supermann ist absolut überzeugend. Er symbolisiert den männlichen Anteil in uns. Die Erde ist kein verbindendes Element, womit ich meine, dass die Erde auch wunderbar mit sich selbst zurechtkommt. Stundenlang puzzeln oder tagelang am Auto herumschrauben ist Normalität. Der Erde-Supermann wirkt stark und überzeugend, ohne Arroganz. Der gute, wortkarge Kumpel von nebenan. Solide, sicher, aber auf Dauer langweilig, wenn er seine übrigen Facetten nicht auslebt.

Mitfühlend und tiefschürfend – die Wasser-Superfrau

Ihr Vater ist gestorben. Ganz plötzlich. Keiner hat damit gerechnet. Sie sind noch völlig betäubt und wählen blind die eine Nummer. Die eine Telefonnummer, die zu der Person gehört, der Sie sich völlig öffnen können. Die eine Person, die immer dann an Ihrer Seite ist, wenn es emotional wird. Weil Sie emotional am Ende sind, wie in diesem Fall, oder weil Sie sich hoffnungslos in einen verheirateten Mann verliebt haben. Dieser Person können Sie alles erzählen. Jede nur mögliche emotionale Tiefe.

Wenn Sie mal in sich hineinhorchen, wer diese Person ist, die Sie in solchen Fällen anrufen, dann sind es häufig Wasser-Menschen. Weil sie stets bei Emotionen ein offenes Ohr haben, ist ihnen keine emotionale Schieflage fremd. Dadurch ist es so leicht, diese Wasser-Menschen in die eigene Seele blicken zu lassen.

Manche von uns haben nur einen Freund oder eine Freundin, der oder die alles abdeckt. Doch viele von uns haben eine Hand voll Freunde. Den einen haben wir fürs Pferdestehlen, die andere zum Herumalbern, den Dritten, um mit ihm anzugeben, und die Vierte für tierschürfende Gespräche über den Sinn des Lebens. Letztere ist die Wasser-Superfrau. Sie versteht alles.

Sie haben Ihren Mann betrogen, die Firma um ein paar Millionen geprellt, haben Ihre eigenen Kinder vernachlässigt und den Hund sowieso? Dafür werden Erde, Feuer und Luft wenig Verständnis haben. Doch Wasser schaut tiefer. Taucht bis zum Sockel des Eisbergs und versteht die Ursachen. Wir können alles verstehen, wenn wir es nur wollen. Wasser kann und will.

Erste Assoziationen, die wir häufig bei dem Wort Wasser haben: Tiefe, Nässe, Dusche, Horizont, Weite, stetig, unendlich, trinken, Leben, Erfrischung, Emotionen, etc. Das ewig fließende Mitgefühl. Die nicht enden wollende Tiefe der Emotionen.

Kein Wunder, dass viele Therapeuten und Coaches einen hohen Wasser-Anteil haben. Den brauchen sie auch. Dieses Talent, nach dem Kern des Übels zu suchen, der zu vielerlei Fehlverhalten führt, ist eine Stärke des Wassers. Wasser kann aber auch einfach nur zuhören. Selbst wenn unser wässriges Gegenüber nichts sagt, spüren wir das tiefe Verständnis und öffnen uns sogar noch mehr.

Allerdings ist Wasser nicht nur für Ihre Emotionen empfänglich, sondern für die aller Menschen. Für jeden. Auch für die eigenen. Und so kann es gut sein, dass Ihnen ein Wasser-Mensch fest zugesagt hat, beim Umzug zu helfen, aber leider kam etwas Wichtiges dazwischen. Entweder eine andere Freundin, die gerade vom Lebenspartner verlassen wurde, oder ein älterer Herr im Café, der nicht mit der Einsamkeit klarkommt. Oder sie fühlt sich selbst gerade nicht gut, und auch das hat wichtige emotionale Gründe. Sie würde nie absagen, wenn ihr nicht etwas Wichtiges dazwischengekommen wäre. Doch so ein triftiger Grund findet sich leicht in einer Welt voller Emotionen.

Wenn ich das Element Wasser im Seminar vorstelle, dann kommen häufig negative Assoziationen hoch: »Ach Gott, so eine kenne ich. Fürchterlich. Muss aus allem ein Drama machen.« Oder »Stimmt. Ich habe da so einen nervigen Kollegen, der kommt nicht auf den Punkt. Der macht während des Redens so lange Pausen, dass ich am liebsten jeden Satz selbst beenden würde, damit er endlich in die Puschen kommt.«.

Korrekt. Das ist auch alles Wasser. Doch was wären wir ohne diese Menschen? Wasser ist ein großartiges Element, weil wir dort tiefe Verbundenheit spüren dürfen und echte Nähe. Es sind mitfühlende Menschen, die sich sozial engagieren und nicht vorschnell urteilen. Es sind die weltbesten Mütter, die immer erst an die Kinder, an den Mann, an die Kollegen, an die Katze, an das Haus, an die Nachbarn, an Verkehrsopfer in Ostasien und dann irgendwann vielleicht, wenn es sich ergibt, auch mal an sich denken. Sie schimpfen ab und an, wenn der 35-jährige Sohn immer noch mit der dreckigen Wäsche vorbeikommt und sich das Essen für die nächsten fünf Werktage abholt, aber sie machen es trotzdem.

Wasser im Job

Im Büro ist es ähnlich. Es ist sehr einfach, einem Wasser-Menschen Arbeit auf den Tisch zu legen. Die meckern, finden es unfair, können allerdings nicht Nein sagen und machen es dann doch. Diese Aussage höre ich häufig von Führungskräften: »Ach, die beschweren sich immer, dass es ihnen zu viel wird, aber am Ende des Tages schaffen sie es trotzdem.«

Somit besteht für die Führungskraft kein Handlungsbedarf. Bei den Schimpftiraden schaltet der Chef einfach auf Durchzug und freut sich über die erledigte Arbeit. Deswegen sage ich diesen Mitarbeitern häufig, dass sich nichts ändern wird, solange sie zwar meckern, aber sich nicht verweigern. Erst wenn die Arbeit nicht erledigt wird, gibt es für den Vorgesetzten Handlungsbedarf. Erst dann denkt er über eine zusätzliche Arbeitskraft nach.

Falls Sie aber betrieblich den Aufstand proben, dann schicken Sie bitte nicht Wasser an die Front. Die würde es vergeigen, weil sie emotional ja verstehen kann, warum das Unternehmen sich gerade nicht mehr Angestellte leisten kann, und schon gar keine Gehaltserhöhung.

Wasser versteht jeden, auch die Gegenseite.

Das ist vielleicht die größte Schwäche, die Wasser hat: die fehlende Abgrenzung. Wenn Wasser im Büro aufsteht, um über den langen Flur zur Kantine zu gehen, um sich einen Kaffee zu holen, dann kommt er eventuell eine Stunde später dort an. Und auf dem Rückweg ist der Kaffee schon alle, wenn er sich wieder an seinen Schreibtisch setzt. Denn auf dem langen Flur standen viele Türen offen, und Wasser wird gerne als emotionaler Mülleimer missbraucht.

Es ist nicht so, dass Wasser sich überall aufdrängt, sondern vielmehr so, dass die Kollegen das Wasser ins Zimmer rufen, um endlich mal allen Ballast loszuwerden. Sowohl den privaten, als auch den beruflichen. Und das kann dauern. Wenn Wasser in einem Zimmer genug zugehört und Verständnis gezeigt hat, wird es nach ein paar Metern auf dem Flur schon wieder ins nächste Zimmer gerufen.

Wasser zieht seine Liebe und Anerkennung aus diesen Gesprächen. Das ist ein persönlicher Vorteil dieser Eigenschaft. Doch als emotionaler Mülleimer missbraucht zu werden und als Kollege, der nie Nein sagen kann und anderen die Arbeit abnimmt, ist nicht fair. Wasser wird immer emphatisch bleiben. Doch mit den Gesten, die Sie in diesem Buch noch kennenlernen werden, können Sie als Wasser-Mensch lernen, dem Fluss einen Damm zu geben. Eine Abgrenzung. Sie können üben, Nein zu sagen, ohne Ihre Empathie zu verlieren. Das ist die Kunst. Die Stärken bewahren und die Schwächen mildern.

Normalerweise wird Wasser von den Gefühlen überflutet.

Von den eigenen und von den Gefühlen anderer. Sie können das Element allerdings auch nutzen, um Emotionen an sich vorbeifließen zu lassen. Dann gehen Sie den Büroflur runter, und wenn Ihnen etwas erzählt wird, dann tauchen Sie nicht kopfüber in die Emotion, sondern stehen wie eine Insel in der Mitte und lassen das Wasser an sich vorbeifließen. Ihr Gegenüber wird schnell merken, dass die nötige Tiefe im Gespräch fehlt, und die Lust auf ein Gespräch wird nachlassen.

Ein Geschäftsführer wendete diese Technik einmal an, als er mit dem Betriebsrat diskutierte. Er wollte emphatisch wirken, doch nicht zu allem Ja und Amen sagen. Deshalb ließ er die Argumente an sich vorbeifließen. Er war aufmerksam, hielt den direkten Blickkontakt, hörte hin, war emphatisch. Doch der fehlende Tiefgang sorgte dafür, dass er sich von den Forderungen leicht abgrenzen konnte. Das klingt jetzt vielleicht noch kompliziert, aber mit der klassischen Konditionierung, die ich Ihnen später noch vorstellen will, wird es ein Kinderspiel.

Beruflich finden Sie Wasser-Menschen häufig in Bereichen, wo Empathie gefragt ist. Sie ist zum Beispiel eine tolle Verkäuferin, weil sie auf die Wünsche der Kunden eingeht und Ihnen zuhört. Sie nimmt sich Zeit und ist sehr zugewandt. Leider kann ihr Tipp auch mal lauten, dass der Kunde doch lieber woanders kaufen sollte, weil es dort ein besseres Produkt zu optimalen Konditionen gibt.

Wenn Wasser sich selbständig gemacht hat, dann wird der Kunde dies schätzen und immer wieder kommen, weil diese Verkäuferin nicht auf Krampf verkaufen will, sondern wirklich darauf achtet, was für den Kunden am besten ist. Wenn Sie allerdings diese Wasser-Frau eingestellt haben, damit sie auf Teufel komm raus Ihre Produkte an den Kunden bringt, dann werden Sie mit der Wasser-Mitarbeiterin keinen Spaß haben. Sie finden Wasser oft auch als Assistentin eines

Erde-Chefs. Erde hat es nicht so mit Gesprächen, Emotionen und Nähe, was als Führungskraft ungünstig ist, weil er dann den Zugang zu seinem Team verliert. Dafür braucht er die Luft oder das Wasser im Vorzimmer. Falls er sich für das Wasser entscheidet, ist sie sein offenes Ohr für den Flurfunk und jedes Wehwehchen, an dem die Mitarbeiter leiden. Erde muss dann nur noch die Kraft aufbringen, Wasser nach diesen Infos zu fragen, und die langatmige, emotionale Antwort ertragen.

Doch selbst wenn Erde Wasser nie fragt, was sein Team so denkt, seine Mitarbeiter haben trotzdem eine Anlaufstelle. Die souveräne Erde wollen wir häufig mit Kleinigkeiten nicht belästigen, aber dem Wasser können wir alles erzählen. Und die wichtigsten Informationen wird Wasser dann eigenständig an die Erde weiterleiten. Ich kenne eine Abteilungsleiterin in einem großen Unternehmen, die stark ihre weiblichen Stärken in Form von Wasser auslebt. Sie braucht keine Assistentin, um emotionale Unzulänglichkeiten auszubügeln. Dies bekommt sie wunderbar alleine hin und die Assistenz freut sich, mit anspruchsvollen Aufgaben betreut zu werden, als nur das Ohr fürs Team zu sein.

Ein weiterer Schwachpunkt des Wassers: Sie ist nicht sehr entscheidungsfreudig. Da sie bei jedem Argument emotional das Für und Wider abgleicht, dauert es häufig ewig, bis sie eine Entscheidung fällt. Manchmal ein Leben lang.

Im Supermarkt steht Wasser ewig vor der Käsetheke und kann sich nicht entscheiden, ob sie den stinkenden Käse nehmen soll oder den milden? Der stinkende schmeckt besser, aber dafür stinkt dann der ganze Kühlschrank, und das mögen die Mitbewohner nicht, und auf die missbilligenden Blicke hat Wasser keine Lust. Also doch der milde Käse? Aber der schmeckt nicht so gut und ist viel zu fad. Oder doch ein ganz anderer Käse?

Wenn Sie als Verkäufer einen Wasser-Typ als Kunden vor sich stehen haben, dann stellen Sie sich auf ein langes, ein sehr langes, ein ultra-langes Verkaufsgespräch ein. Sie können natürlich auch dem Wasser-Menschen etwas zu denken oder zum Probieren geben und immer mal wieder weggehen, um andere zu beraten, wofür Wasser durchaus Verständnis hat, um dann zum Wasser zurückzukehren und die nächste Idee in den Raum zu schmeißen. Wobei es schlau ist, dem Wasser-Menschen so wenige Anregungen zu geben wie möglich. Je größer die Auswahl, desto größer die Verzweiflung und desto länger der Entscheidungsprozess. Geben Sie Wasser drei bis fünf Käsesorten zur Auswahl, reichen Sie die Probierhäppchen über den Verkaufstresen, und hoffen Sie das Beste. Je weniger Auswahl das Wasser hat, desto leichter fällt die Entscheidung.

Wasser im Gespräch

Wasser sprudelt beim Reden einfach drauflos. Kennen Sie den Komiker Johann König? Der war häufig komplett in Wasser, wenn er zum Beispiel in der TV-Show »Zimmer frei« als Komiker auftrat. Er fing an zu reden, und der Humor entstand, weil er scheinbar während des Redens überlegte, was er denn sagen will. Manchmal fiel es ihm nicht ein, und deswegen ließ er die Sätze in der Luft hängen und führte sie nicht zu Ende. Das ist genau die Art, die viele im täglichen Berufsleben wahnsinnig macht, weil Wasser nicht auf den Punkt kommt und kein Antreiben hilft. Wenn Sie den Satz des Wassers vervollständigen, bekommen Sie häufig einen verständnislosen und missbilligenden Blick, weil Sie weit von der Wahrheit entfernt sind. Doch leider hat Ihr Einwurf das Wasser nun so durcheinandergebracht, dass sie dann erst einmal überlegen muss, was sie sagen wollte. Und das ... kann ... dauern.

In einem Kult-Film können Sie auch Wasser vom Feinsten erleben. Und zwar im Detlef-Buck-Film mit dem schönen Titel »Wir können auch anders«. Dort spielt der Schauspieler Joachim Król einen Mann, der vor der wichtigsten Aussage seines Satzes häufig eine ewig lange Pause macht. Er sagt in dem Film nicht: »Wir können auch anders«, sondern »Wir können auch … (schauen Sie bitte auf die Uhr, und warten Sie 30 Sekunden) … anders.«

Ein wichtiger Satz in diesem Film ist auch: »Du bist doch … (warten Sie spaßeshalber ruhig mal 50 Sekunden) … schwul, bist du doch«, den er zu seinem Film-Bruder sagt. Im Film und bei Komikern ist diese Art zu reden lustig. Im Berufsalltag weniger, vor allem wenn bei einem Projekt oder Meeting die Zeit drängt.

Was viele übersehen, ist die Stärke von Wasser. Denken Sie nur daran, dass ein steter Tropfen einen Stein höhlen kann. Ein kantiger Stein wird im Meer ganz rund und weich und über die Jahrzehnte immer kleiner. Wenn Sie sich in München in die Isar stellen, dann haut Ihnen der Fluss, selbst an der flachsten Stelle, fast die Füße unterm Körper weg. Wasser hat Kraft. Eine große emotionale Stärke. Wenn sich Wasser aufregt, dann kommt eine 40 Meter hohe Flutwelle auf Sie zu gerauscht. Der wollen Sie sich nicht in den Weg stellen, vor allem nicht mit sachlichen Argumenten, Rechtfertigungen oder Gegenwehr. Sie machen aus dem Wasser schneller wieder einen harmlosen, gemächlich fließenden Bach, wenn Sie ihm zustimmen und Verantwortung für Ihr Handeln übernehmen. Oder indem Sie Abstand gewinnen und wiederkommen, wenn der Sturm im Wasserglas sich beruhigt hat.

Wasser geht nicht nur in die tiefen Schichten der Gefühle, wenn es gut für andere ist, sondern auch, weil es Wasser Spaß macht, sich da unten aufzuhalten. Deswegen möchte Wasser auch häufig keine Lösung haben. Es gibt Menschen, die erzählen ganz vielen, wie schlecht es ihnen gerade geht, aber für Lösungsansätze sind sie taub. Sie wollen nur über diese tiefen Gefühle reden und sie völlig ausleben. Wenn das Leben leichter werden würde, dann würden sie auftauchen, und das ist häufig gar nicht ihr Ziel.

Daher sind manche Wasser-Typen auch wahre Energieräuber. Sie fordern die emotionale Tiefe und das Mitgefühl, ohne Ihnen die Erleichterung eines Verbesserungsvorschlags zu gönnen. Wenn Sie dies merken, dann entscheiden Sie bitte für sich, wie wichtig Ihnen der Mensch ist. Bei unwichtigen Menschen würde ich die Verbindung oder zumindest diese Gespräche kappen. Der Wasser-Mensch wird schon jemand anderen finden, mit dem er gemeinsam abtauchen kann.

Da es für Wasser völlig normal ist, über Abgründe zu reden, ergeben sich auch Situationen, die Sie vorher wahrscheinlich noch nie so erlebt haben. So erging es mir einmal, als ich Gesang studierte. Ich war im zweiten Studienjahr und stand mit meinen Mitstudenten in unserem Lieblingscafé. Wir redeten gerade über Belanglosigkeiten. Smalltalk. Auf einmal ging die Tür auf, und eine neue Kommilitonin kam rein. Sie war gerade mal drei Wochen bei uns, und wir kannten sie kaum.

Sie stellte sich zu uns an den Bistrotisch und sagte unvermittelt: »Mir geht es heute nicht so gut. Heute Nachmittag beginnt nämlich der Prozess wegen meiner Vergewaltigung.«

Pause. Sprachlosigkeit. Wir wussten nicht, wo wir hinsehen sollten. Einerseits bewunderten wir ihren Mut, sich so zu öffnen. Andererseits waren wir verwirrt, weil sie das uns, also Wildfremden erzählte, und dann auch noch in einem Café, wo jeder mithören konnte. Ich möchte nicht, dass der Eindruck entsteht, dass ich es als falsch empfinde darüber zu reden. Ich möchte damit nur sagen, dass ein Erde-Mensch dies wahrscheinlich nie ansprechen würde, dass ein Luft-Mensch dies wahrscheinlich auch eher verdrängen oder nur wenigen ausgewählten Menschen erzählen würde. Und Feuer möchte zwar die Bühne haben, aber nicht mit so einer schlimmen Geschichte. Es geht hier somit nicht um richtig oder falsch, sondern darum, dass Sie von Wasser-Menschen an überraschenden Orten, in ungewöhnlichen Situationen intimste Einblicke in ihr Seelenleben bekommen können. Manchmal kann so eine Art der Öffnung in diesen speziellen Situationen eher zu Distanz führen, anstatt zu mehr Nähe.

Auch eine weitere typische Wasser-Verhaltensweise kann in Gesprächen sehr irritierend wirken: wenn unser Gegenüber über unser Unglück mehr heult als wir selbst. Stellen Sie sich vor, dass Sie einer Kollegin vom Tod Ihres Vaters erzählen, und auf einmal heult sie Rotz und Wasser, während Sie verlegen danebenstehen. Natürlich hatten Sie auch feucht schimmernde Augen, was bei diesem Verlust verständlich ist. Weniger verständlich ist dieser Ausbruch der Kollegin, die gleich das darunterliegende Drama erkennt. Und spürt. Und auslebt. Aber so richtig. Für Sie gleich mit.

Wenn Sie ein Typ sind, der nicht so gerne vor anderen weint, dann haben Sie mit dieser Kollegin ein Ventil gefunden. Ob es Sie befreit oder befremdet, dürfen Sie selbst entscheiden. Mich persönlich befremdet es eher. Ich hatte mal eine Freundin, die jedes Mal anfing zu weinen, wenn ich etwas Trauriges erzählte. Im Endeffekt habe ich ihr dann die Taschentücher gereicht und sie getröstet, obwohl doch ich die traurige Geschichte erlebt hatte. Für Wasser sind diese Emotionen normal, und es ist selbstverständlich, dass sie ausgelebt werden. Überall und jederzeit.

Wasser ist privat ein Mensch, der zu den schönsten Liebeserklärungen und -gedichten fähig ist. Wenn Sie sich auf einen Wasser-Menschen einlassen, dann lassen Sie sich auf Emotionen ein. Positive wie negative. Positiv sind das wunderschöne Umwerben und auch die tief ausgelebten Gefühle. Der Nachteil ist, dass Wasser vergleichsweise wechselfreudig ist, wenn sie bei einem anderen Partner mehr Tiefe erleben und ausleben kann. Einen Erde-Partner haben Sie für immer, wenn Sie es nicht vermasseln. Wasser kann dagegen auch mal unhaltbar durch Ihre Finger fließen, ohne dass Sie etwas falsch gemacht hätten. Häufig schwer verständlich, wie aus »Ich habe noch niemals jemanden so geliebt wie dich« auf einmal ein gleichgültiges, melancholisches Schulterzucken werden kann.

Da Wasser eindeutig für Nähe steht, sollte doch Smalltalk ein sicheres Terrain sein? Ist es aber nicht, denn Smalltalk steht nicht für Nähe, sondern für Oberflächlichkeit. Und damit hat Wasser seine Probleme. Ich habe einmal einen Kunden am Telefon ganz unverfänglich gefragt, wie es ihm geht. Sofort fing er an zu weinen und erklärte mir: Es ginge ihm schlecht, weil bei ihm gerade Krebs diagnostiziert wurde. Sie können sich vorstellen: Damit hatte ich nicht gerechnet. Für mich gehört so eine Frage nach dem Befinden als höfliche Geste zu einem wertschätzenden Gespräch. Damit wir uns richtig verstehen: Ich habe die Frage ernst gemeint und auch ehrlich mitgefühlt. Ich bin dem Kunden keineswegs böse dafür, dass er sich mir gegenüber so geöffnet hat. Ganz im Gegenteil. Ich möchte nur verdeutlichen, dass Erde mir so etwas nicht antworten würde. Luft und Feuer wahrscheinlich auch nicht, aber Wasser schon.

Wasser kann bei jedem seichten Gespräch zwei Kilo Tiefe

draufpacken, und das ist für einen leichten Einstiegs-Smalltalk ungeeignet.

Selbst bei dem harmlosen Thema Wetter, das gerne für Smalltalk genutzt wird, können Wasser-Menschen das Gespräch in die Tiefe ziehen und ihren Gesprächspartner damit durchaus in die Bredouille bringen. Als ich früher bei R.SH Radio Schleswig-Holstein moderierte, brachte ich einmal meine Freude über das tolle Sommerwetter zum Ausdruck. In dem Bundesland zwischen den Meeren gibt es nicht allzu häufig wochenlang Sonne pur mit 30 Grad im Schatten. In jenem Sommer schon, und wir haben es alle genossen.

Alle? Nicht ganz.

Als ich gerade den Wetterbericht vorlas und davon schwärmte, dass wir auch am nächsten Tag dieses grandiose Wetter würden genießen dürfen, rief mich plötzlich eine Mutter übers Hörertelefon an. Sie war völlig außer sich und warf mir vor, gefühllos zu sein, denn ihre Tochter hätte eine Sonnenallergie, und deswegen würden sie sich über Sonnenwetter so gar nicht freuen. Sie fragte mich allen Ernstes, warum ich beim nächsten Wetterbericht nicht mal darüber berichten würde, dass für einige Schleswig-Holsteiner dieses Wetter eine Qual sei. Ganz ehrlich: Mir taten die Mutter und vor allem die Tochter natürlich sehr leid, doch das änderte nichts an der Tatsache, dass sich die meisten Menschen über einen sonnigen Tag freuen.

Wasser sieht das anders.

Hochemotional, tiefschürfend und sehr emphatisch: Das ist die Wasser-Superfrau. Sie gewinnt mit Emotionen und mit Nähe. Sie gewinnt, weil keiner so gut zuhören kann wie sie. Wasser ist weiblich und ein verbindendes Element. Auch wenn diese Schwere so manchen Kollegen anstrengt, hätte ein Team ohne Wasser keinen guten Zusammenhalt, keinen Kuchen zu Geburtstagen, kein offenes Ohr. Und die emotionalen Aspekte von Projekten, die nicht selten das Zünglein an der Waage des Erfolgs sind, würden außer Acht gelassen. Wasser kann anstrengend sein als Kollege, keine Frage. Doch Wasser kann auch die Ergänzung sein, die ein Team von perfektionistischen Fachexperten mit grimmigen Gesichtern gebrauchen kann.

Begeisternd und selbstverliebt – der Feuer-Supermann

Vielleicht kennen Sie das: Sie haben sich bei dieser Konferenz schon zig Redner angetan. Angehört kann man dazu nicht sagen, weil einer langweiliger war als der andere. Die Inhalte waren sicherlich fundiert, aber die Art der Präsentation sorgte schon für so manchen Sekunden- oder sogar Dauerschlaf im Publikum. Und dann kommt er: der Feuer-Supermann. Er betritt die Bühne und lässt die Funken sprühen. Er baut Witze ein und verpackt die Inhalte so raffiniert in persönliches Storytelling, dass jeder Zuhörer nicht nur aufwacht, sondern begeistert an seinen Lippen klebt. So machen Vorträge Spaß, und durch diesen einen Redner wurde die gesamte Konferenz wertvoll.

Ja, Feuer kann den Funken der Begeisterung überspringen lassen. Feuer kann einen Flächenbrand der Euphorie erzeugen. Feuer ist ein begnadeter Redner. Während Feuer auf der Bühne steht und mit seiner Präsenz den ganzen Saal füllt, zwinkert er noch hier und da einer Dame im Publikum zu und überzeugt die Herrenwelt mit seiner Schlagfertigkeit.

Feuer ist eine Rampensau. Das ist ein Begriff aus dem Schauspiel. Die Bühnenrampe ist der vordere Teil der Bühne, nah am Publikum. Genau dieser Bereich ist am hellsten ausgeleuchtet. Also werden diejenigen, die näher an der Rampe stehen, von den Scheinwerfern voll erfasst und sind sichtbarer als alle dahinter. Wenn ich mit jungen Musicaldarstellern trainiert habe, dann gab es immer mal wieder jemanden, der sich in den Vordergrund spielte, um mehr im Licht und somit im Fokus zu stehen. Bei einem Song mit zwei Sängerinnen schaffte es die Zweitstimme einmal sogar, die Hauptstimme davon zu überzeugen, dass es sehr effektvoll wäre, wenn sie in der Mitte der Bühne auf einem Stuhl sitzen bleiben würde, während sie selbst sich nah an die Rampe stellte. Dadurch wurde zwar der Hauptrolle gelauscht, aber die meisten schauten zu der hübschen Frau, die mitten im Lichtkegel stand. Das ist eine Rampensau. Und das ist Feuer.

Was haben wir für Assoziationen, wenn wir an Feuer denken? Häufig wird dann der Kamin genannt und das Lagerfeuer und somit die Wärme, das Gemütliche. Doch Feuer ist auch der Flächenbrand, und bei jedem Brand gibt es die gefährlichen Backdrafts. Das sind unvorhergesehene, explosionsartige Entzündungen von Rauchgasen, die jeder Feuerwehrmann fürchtet – sie machen das Feuer so unberechenbar.

Feuer bedeutet aber auch warmes Essen und überhaupt: angenehme Wärme im Raum und im Körper. Feuer bedeutet auch Sicherheit, weil es die wilden Tiere des Waldes fernhält. Feuer ist faszinierend. Wir sitzen gerne stundenlang vor einem Kamin und schauen in die Flammen. Doch wenn Sie ein Holzscheit auflegen und dabei dem Feuer zu nahe kommen, dann verbrennen Sie sich die Finger. Die Herdplatte ist gut fürs Essen, nicht für die Kinderhand.

Sie merken schon: Feuer ist kein verbindendes Element, wie das Wasser eines ist. Feuer ist allerdings auch kein Einzelgänger, wie die Erde. Denn Feuer braucht das Publikum. Wenn Sie sich bei einer Netzwerkveranstaltung umsehen, dann finden Sie überall kleine Grüppchen. Und in diesen Grüppchen steht jeweils ein Feuer-Typ, begeistert seine Zuhörer und lässt sich bewundern. Ohne Publikum wäre er nichts. Die Zuhörer spüren zwar eine Nähe, wenn sie ihn gesammelt bewundern und sich von seiner Aufmerksamkeit wärmen lassen, doch lässt er die Zuhörer emotional in Wahrheit eben nicht nahe an sich heran kommen. Feuer lässt sich ungern in die Karten schauen. Wie bei einem Zauberer darf das Publikum von ferne die Tricks bewundern, aber auf keinen Fall nahe genug herantreten, um sie zu durchschauen.

Deswegen sind das bei Konferenzen die Redner, die danach gerne noch zwischen ihren Fans stehen, um sich bewundern zu lassen. Doch wenn kritische Fragen auftauchen, muss Feuer leider sehr schnell zum nächsten Termin eilen.

Privat ist Feuer ein großartiger Mensch, der uns jeden Tag aufs Neue begeistert. Doch kommen Sie dem Feuer zu nahe, engen Sie ihn zu sehr ein. Dann haut er oft ab, ohne eine Notiz und eine Erklärung zu hinterlassen. Für eine heiße und flüchtige Affäre ist Feuer großartig. In einer Beziehung ist er eine Herausforderung. Deswegen wird den Feuer-Sternzeichen auch gerne mal unterstellt, dass sie keine Beziehung aushalten und nicht für die ewige Liebe taugen. Aber Achtung, Klischee: Niemand lebt nur ein Element aus. Wenn Sie einen Feuer-Erde-Menschen an Ihrer Seite haben, dann ist es im besten Fall ein wortgewandter, zuverlässiger Partner. Im negativen Fall ein wortkarger und cholerischer. Je nachdem, ob er seine Stärken oder Schwächen auslebt. Auf alle Fälle ist Feuer berauschend, mitreißend und eine Urgewalt.

Beim Umzug ist Feuer nur dann mit dabei, wenn Sie ihm eine Bühne geben. Er ist mit dabei, wenn Sie ihn anrufen und sagen: »Ich brauche dich, damit du alles koordinierst. Die anderen können zwar mit anpacken, aber haben nicht deine Intelligenz. Ich brauche jemanden, der die Führung übernimmt.« Bekommt er eine Hauptrolle beim Umzug und darf er sich von den anderen Helfern bewundern lassen, dann ist alles gut. Sobald ihn ein anderer kritisiert, wird er sich verkrümeln. Natürlich nicht ohne ein großes, wortgewandtes Feuerwerk zum Abschied.

Feuer im Gespräch

Arroganz ist in der Tat eine Wesensart des Feuers. Feuer ist egoistisch. Und damit meine ich nicht den gesunden Egoismus, sondern den Drang, ständig im Mittelpunkt zu stehen und bewundert zu werden. Ich habe einen starken Feuer-Anteil in mir und spüre immer wieder den Drang, Dinge zu verkünden, die mich toll dastehen lassen.

Im Beruf der Redner und Keynote-Speaker wird zum Beispiel ständig über Geld gesprochen, da diese Scheinwelt voller Feuer ist. Wenn sich zwei Redner neu kennenlernen, ist die erste Frage oft: »Über welches Thema redest du?« und die zweite »Wie viel nimmst du?«. An dem Preis pro Vortrag wird nämlich bemessen, wer zu den Top-Rednern gehört, und natürlich möchte jeder gerne zur Elite zählen. Darüber hinaus geht es natürlich auch darum, viele Vorträge zu diesem Preis zu verkaufen. Deshalb ist dann auch gleich die dritte Frage: »Wie viele Vorträge hältst du im Jahr?« Wir scannen uns also gegenseitig ab und versuchen, im Status über dem anderen zu stehen.

Ich finde das einerseits ganz schrecklich, und andererseits sehnt sich jede Faser in mir danach, im direkten Vergleich zu gewinnen. Wenn ich bei einem Speaker-Netzwerktreffen merke, dass ich mit meinem Vortragssatz nicht gewinnen kann, dann erwähne ich unauffällig nebenbei, dass sich gleich mein erstes Hörbuch großartig verkauft hat. Und wenn ein Kollege mir stolz berichtet, wie viel Umsatz er im letzten Jahr gemacht hat, dann halte ich entspannt dagegen, dass ich mehr Umsatz hatte und mir trotzdem allein im Sommer schon sechs Wochen Urlaub gegönnt habe. Das erwähne ich nicht prahlerisch, sondern nippe dabei entspannt an meinem Kaffee, um deutlich zu machen, wie selbstverständlich das für mich ist. Ich möchte ja nicht mit der Holzhammer-Methode Bewunderung einheimsen, sondern weise lieber subtil darauf hin, dass im Prinzip ein spontaner Kniefall angebracht wäre.

Um es auf den Punkt zu bringen: Ich finde diesen Drang von mir doof und unnötig, doch er ist in mir und geht immer mal wieder mit mir durch.

Einmal hielt ich einen Vortrag auf der CeBIT, für einen Veranstalter im Bereich Job und Karriere. Dort gab es jeden Tag zirka zehn Fachvorträge zu den unterschiedlichsten Themen. Insgesamt organisierte dieser Kunde etwa 50 Vorträge für diese eine Messe. Und für seine Statistik zählt er regelmäßig, wie viele Leute bei welchem Redner zuhören. Er vergibt keinen Preis, und es wird nirgendwo laut ausgesprochen, aber die Redner mit der größten Magnetwirkung werden natürlich im nächsten Jahr gerne erneut gebucht und auch weiterempfohlen.

Mir wurde von dem Veranstalter im Nachgang erzählt, dass ich wiederholt mit Abstand die meisten Zuhörer an seinen Stand gelockt hätte. Nachdem ich mich darüber innerlich total gefreut hatte, juckte es mich gleich in den Fingern, diesen Erfolg sofort nach außen zu tragen. Der erste Impuls: Facebook! Und danach gleich Freunde, Kollegen und Mitarbeiter anrufen und eine Runde prahlen. Das habe ich nicht gemacht. Und ich halte mich mittlerweile auch bei diesen Statusvergleichsgesprächen zurück, weil es nicht zu meinem Wertesystem passt und ich das nicht als emphatisches Verhalten auf Augenhöhe betrachte. Ich finde es aber spannend, dass dieser Drang trotzdem immer wieder in mir hochkommt und hier und da immer noch so eine Angeber-Blubberblase an der Oberfläche der Kommunikation zerplatzt.

Ich bin sicher: Jeder von Ihnen hat inzwischen das Gesicht mindestens einer Kollegin oder eines ehemaligen Schulkameraden vor Augen, der Sie mit ihrem beziehungsweise seinem Feuer schon mal zu überbieten versucht hat. Sehen Sie es dem Feuer nach: Wir Rampensäue können manchmal nicht anders.

Bescheidenheit ist eine Zier, mit der sich das Feuer selten schmückt. Auch in Konflikten versagt das Feuer völlig. Ich bin früher auch eher ungünstig mit Konflikten umgegangen. Wenn ich mich von einem Mann getrennt habe, dann schubste ich erst ihn durch die Wohnungstür und schmiss danach seine Klamotten durchs Fenster. Wie in einem albernen italienischen Kitsch-Film. Ich bin nicht stolz darauf. Wenn mich jemand geärgert hat, dann habe ich so lange auf diese Person eingeredet, bis nur noch verbrannte Erde übrig war. Habe ich schon erwähnt, dass ich nicht stolz darauf bin? Wie gut, dass auch alle anderen Elemente in mir sind und ich gelernt habe, ihnen in Konfliktsituationen die Führung zu übergeben. Feuer ist kein guter Ratgeber bei Streitigkeiten. Es gibt Feuer-Menschen, die sitzen mit Ihnen im Restaurant und bestellen nichts. Anscheinend weil sie keinen Hunger haben. Doch im Laufe des Abends isst Feuer ständig von Ihrem Teller. Erst die Vorspeise, dann einen Großteil der Hauptspeise (»Nur mal eben probieren ... hhm ... lecker«), und den Nachtisch übernehmen sie schon komplett. Falls Sie sich dann allerdings wegen irgendeiner Lappalie streiten, dann ist Feuer in der Lage, Sie davon zu überzeugen, dass Sie ein egoistischer Mensch seien, was man klar daran erkennen könne, dass Sie alles alleine aufgegessen und nicht geteilt hätten. Und das Absurde ist, dass Feuer so wortgewandt ist, dass sie irgendwann wirklich daran zweifeln, ob Sie sich die

Gabel-Übergriffe nur eingebildet und vielleicht doch alles alleine aufgegessen haben.

Feuer im Job

Feuer ist der geborene Verkäufer. Er verkauft sich, seine Ideen, aber auch Ihre Produkte und Dienstleistungen, wenn Sie ihn angestellt haben. Immer dann, wenn es knifflig wird und starke Überzeugungskraft gefordert ist, dann wird Feuer an die Front geschickt. Er macht aus Nichts noch ein erfolgreiches Kundengespräch. Leider verspricht er dann manchmal Dinge, die das Unternehmen gar nicht halten kann. Doch das interessiert Feuer nicht. Er hat den Kunden an Land gezogen, wie man ihn nachhaltig zufrieden stellt, ist dann die Aufgabe anderer. Die anderen sind meistens Erde-Typen, die dann versuchen, alles Unmögliche noch möglich zu machen.

Im Beruf sind Feuer-Menschen diejenigen, bei denen Sie mit einer festen eigenen Meinung reingehen und mit einer inhaltlichen 180-Grad-Wendung wieder rauskommen. Obwohl Sie doch genau diesen anderen Gesichtspunkt albern fanden und entschieden dagegen vorgehen wollten. Doch Feuer ist wortgewandter als alle anderen. Aufgrund dieser Kunst, mit Worten spielen zu können, vermeiden Mitmenschen eine Diskussion mit dem Feuer. Es bringt ja nichts. Sie dringen nicht durch. Kein Wunder, denn Feuer ist es sehr wichtig, seinen Status zu wahren. Und deswegen ist er nicht gut darin, einen Fehler einzugestehen oder eine andere Meinung zu akzeptieren. Vielleicht ausnahmsweise einmal bei unwichtigen Dingen, wenn sich Feuer einen Vorteil davon verspricht, dass ein kleiner Mitarbeiter mal Recht haben darf. Doch in wichtigen Angelegenheiten kämpft Feuer wie ein Löwe darum, Recht zu bekommen. Ihm brauchen Sie auch nicht zu erklären, dass es Recht und Unrecht gar nicht gibt und jeder Mitmensch auf seine Weise Recht hat. Dieses Wissen wird er gerne an andere Menschen weitergeben, um wieder zu zeigen, wie gebildet er ist. Doch für ihn selbst gilt das nicht. Er ist im Recht. Basta.

Eine Bekannte litt an manischen Depressionen. Oder war es doch Burnout? Oder Narzissmus? Oder Borderline? Oder irgendeine Persönlichkeitsstörung? Sie ging von einem Therapeuten zum nächsten, und immer wenn sie eine Diagnose und diverse Tipps bekam, therapierte sie damit ihr Umfeld. Auf sie persönlich traf das alles natürlich nicht zu. Sie war anders. Sie war viel zu einzigartig, um in eine einzige Krankheitsschublade zu passen. Leider waren die Therapeuten bisher einfach noch nicht gut genug, um das zu erkennen. Und deswegen suchte sie weiter. Bis heute.

Ich wünsche mir immer noch, dass sie endlich anfängt, Verantwortung für das eigene Handeln zu übernehmen, denn das wäre der erste Schritt nach draußen, zu einem glücklicheren Leben, das ich ihr sehr gönnen würde. Doch Feuer kann das Wort Selbstverantwortung noch nicht einmal buchstabieren. Und wenn doch, dann nur für andere. Falls Sie sich ein Stück weit wiedererkennen und doch einen Versuch starten möchten, dann fangen Sie mit dem Buch *Schlüsselfaktor Sozialkompetenz* von Eric Adler an.

Feuer ist häufig ungerecht, weil er sich das Recht stets so hinbiegt, dass er gut dasteht. Fangen Sie dann nicht an zu argumentieren, denn hier geht es dem Feuer nicht um Fakten, sondern um die pure Existenz. Er käme nicht damit klar, wenn er Unrecht hätte, weil er sich damit selbst von der Bühne holen würde. Feuer findet selbst bei der größten Niederlage immer noch jemanden, der schuld war, und er wird immer noch Argumente finden, warum er selbst zu Unrecht verurteilt wurde.

Als ich noch meine Ausbildung zur Steuerfachangestellten gemacht habe, hatte ich einen Chef, der sein Feuer stark auslebte. Ein Steuerberater und Feuer? Ja, das geht, weil er auch einen starken Erde-Anteil hatte. Er konnte ganz sachlich und zahlenverliebt arbeiten, doch wenn er sich über etwas aufregte, dann brannte die Luft. Seine Assistentin hat allein in der kurzen Zeit, in der ich dort gearbeitet habe, mehrmals geweint und intensiv über eine Kündigung nachgedacht. Vor allem, weil es ungerecht war, dass er sie für Fehler anbrüllte, die er zu verantworten hatte. Doch nach jedem Wutanfall kam wieder der Charmeur zum Vorschein, der ihr Blumen brachte und alles wieder geradebog. Weil er genau wusste, dass er so schnell keine neue Assistentin finden würde, die seine Wutanfälle auf Dauer aushält. Natürlich konnte er die Wunden mit Blumen nicht heilen, doch trotz all dem war er ein toller Mensch. Ich habe ihn sehr bewundert. Und als er leider viel zu früh starb, kamen viele Menschen zu seiner Beerdigung. Das zeigt deutlich, wie beliebt Feuer-Menschen sind, trotz ihrer kurzen Zündschnur.

Feuer-Menschen bieten ihre Hilfe nicht unbedingt wegen der Nächstenliebe an, wie es Wasser tun würde, sondern weil sie damit an Status gewinnen. An einem meiner Trainings nahm einmal eine junge Angestellte teil, die eine tolle Chefin hatte. Die Betonung liegt auf hatte, denn diese Chefin war so lange nett, zugewandt und spielte die einfühlsame Mentorin, solange die Angestellte schön klein blieb und sie bewunderte. Doch dank der guten Hilfestellung wurde die junge Dame immer souveräner, kraftvoller und erfolgreicher und deswegen von einem Tag auf den anderen von der bisher so mitfühlenden Chefin boykottiert. Plötzlich suchte sie sich eine neue Angestellte, die sie hegen und pflegen konnte.

Sie dürfen im Schatten des Feuers gerne wachsen, aber wachsen Sie nicht über das Feuer hinaus. Denn dann erleben Sie die böse, nachtragende Seite eines verletzten Feuer-Menschen. Die Verletzung erfolgt in Form von Bewunderungs-Entzug, und die Konsequenzen sind sofort spürbar. Da hilft nur der Wechsel in eine andere Abteilung, denn Feuer ist so nachtragend, dass Sie schwerlich wieder eine gute Beziehung aufbauen können.

Feuer betritt jeden Tag die Bühne des Lebens. Und alle anderen stehen eine Etage tiefer vor der Bühne. Dadurch ist ein Gespräch auf Augenhöhe nicht so leicht. Feuer doziert von oben herab, aber häufig auf eine so charmante Art und Weise, dass wir das Feuer dafür bewundern. Genau dieses Element hat mir damals dabei geholfen, die ersten Vorträge zu überstehen. Ich war zwar von jeher ein Feuer-Typ, habe aber auch ganz viele Wasser-Anteile in mir. Und Wasser steht ungern im Mittelpunkt und zweifelt viel an sich. Ich habe jedes Mal großes Lampenfieber, wenn ich auf die Bühne gehe. Und dabei spielt es keine Rolle, ob ich vor ein paar tausend Menschen rede oder vor 20 Führungskräften auf einer Weihnachtsfeier. Stets kamen die Zweifel hoch, ob ich auch gut genug sei. Ob ich die richtige Ansprechhaltung finden würde und die passenden Inhalte.

Indem ich bewusst das Element Feuer in mir aktivierte, kam ich gut mit der Situation zurecht. Die Zweifel blieben, aber es merkte mir niemand mehr an. Ich strahlte dann eine solche Souveränität aus und so viel Lebendigkeit, Fröhlichkeit, Energie und Präsenz, dass mich die Zuhörer häufig fragten: »Frau García, muss man so viel Selbstvertrauen haben wie Sie, damit man überzeugend Vorträge halten kann, oder geht das auch bei introvertierten Menschen wie mir?«

Dann lache ich immer laut auf, denn ich bin hauptsächlich introvertiert und aktiviere in solchen Situationen einfach nur das Feuer in mir. Das Schöne ist ja, dass Feuer ein Bestandteil von mir ist und immer schon präsent in meinem Leben war. Doch ich habe es eher privat ausgelebt, um Freunde und die Familie mit lustigen Anekdoten zum Lachen zu bringen. Ich fühlte mich als junge Frau nur in einem geschützten Rahmen wohl und konnte dort das Feuer voll entfalten. Die große Bühne war früher für mich unvorstellbar. Bis ich lernte, eine Stärke, die eh schon in mir steckte, auch in diesen öffentlichen Situationen bewusst zu aktivieren. Gerade im Beruf kann der Feuer-Anteil sehr nützlich sein, wenn Sie ihn bewusst und gezielt einsetzen.

Feuer hilft Ihnen auch dabei, eine Pause auszuhalten. Ich weiß, dass dies eine Stärke von der Erde ist, doch viel mehr bei Verhandlungen. Auf der Bühne gibt Erde nur kurz und knackig die sachlichen Fakten zum Besten und tritt zügig wieder ab, ohne künstlerisch wertvolle Pausen eingelegt zu haben. So einen Kokolores hat er nicht nötig.

Feuer dagegen kann mit diesen Pausen wunderbar spielen. Sie hört einfach mitten im Satz auf zu reden. Spürt, wie das gesamte Publikum nach der Pointe lechzt. Und während die Spannung immer größer wird, geht Feuer entspannt über die Bühne und spricht erst dann weiter, wenn sie diese Pause voll ausgekostet hat. Feuer genießt diese Aufmerksamkeit, und sie genießt es, die Menschen zu begeistern.

Feuer weiß, dass er gesehen und gespürt wird, wenn er einen Raum betritt. Das kostet er auch gerne mal aus, indem er zu spät kommt und dann sogar noch entspannt an der Tür stehen bleibt, bis auch wirklich alle ihn wahrgenommen haben. Erst dann setzt er sich an den Tisch. Das Meeting kann beginnen, der König hat sich dazugesellt, so zumindest sieht es das Feuer. Rechtzeitig da sein und brav warten, um auch ja nicht die Harmonie zu stören? Das wäre Wasser. Pünktlich zu kommen, um weder die eigene noch die Zeit der anderen zu verschwenden? Das wäre Erde. Feuer möchte wahrgenommen werden, und deswegen kommt er zu spät. Stellt absurde Thesen auf, nur um sich zu Wort melden zu können. Lehnt sich entspannt nach hinten, mit einer provozierenden Körpersprache. Spielt mit dem Handy, um deutlich zu machen, wie langweilig er den aktuellen Redner findet, und steht auch mal mitten im Satz auf, um für ein »wichtiges« Telefonat den Raum zu verlassen.

Feuer in der Beziehung

Feuer spürt seinen Körper jederzeit und findet sich vom Kopf bis zur Fußsohle sexy. Jede einzelne Haarsträhne ist einzigartig, und selbst der linke kleine Zeh, leicht verbogen und zu kurz geraten, ist ein Wunderwerk der Natur. Ein solches Ego wirkt sich auf eine Beziehung aus – auf sehr verschiedene Weise.

Es wird ja gerne gesagt, dass Frauen böse Männer lieben und dass Männer auf schwierige Frauen stehen. Stimmt. Zumindest fühlen sie sich davon angezogen. Denn beides ist Feuer. Die vermeintlich bösen Männer sind anbetungswürdig, mit ihrer coolen und selbstsicheren Art. Häufig achten sie auch noch auf ihr Aussehen, treiben viel Sport, tragen teure Klamotten und halten sich nur in den angesagtesten Restaurants auf. Und Feuer hat im realen Leben so viele Freunde wie andere nur virtuell bei Facebook. Wobei diese Freunde häufig nur aus Sicht des Feuer-Mannes Freunde sind. Es kam schon oft vor, dass ich einen Feuer-Mann gerade mal zweimal getroffen hatte und schon als gute Freundin bezeichnet wurde, obwohl wir uns kaum kannten. Das würde Erde nie einfallen. Auch Wasser wäre das zu oberflächlich. Aber Feuer geht es um die Kontakte. Er braucht viele und wichtige Kontakte, damit er damit angeben kann, wie viele ihn mögen und wen er alles kennt. Das ist der Mann, der damit angibt, wie viele Geburtstagsgratulationen er per SMS, per E-Mail, via Facebook, Twitter und auf XING bekommen hat und wie viele Geschenke und Briefe per Post ankamen.

Ein typischer Satz von einem Feuer-Mann, den ich wirklich einmal gehört habe: »Die Ehe mit meiner Ex hätte länger gehalten, wenn sie mir zu Hause häufiger applaudiert hätte.« Das klingt nicht sonderlich sympathisch, und doch fallen viele Menschen darauf herein. Weil der Feuer-Mann das gewisse Etwas hat, das Frauen begehren und andere Männer selbst gerne hätten.

Kaum jemand versteht, dass ein Kaminfeuer nur auf die Distanz faszinierend ist. So manche Frau verbrennt sich die Finger, weil sie denkt, dass nur sie allein diejenige sein wird, bei der sich das Feuer öffnet, Nähe zulässt und seinen inneren weichen Kern zeigt. Das ist sicherlich möglich, doch das liegt daran, dass dieser Feuer-Mann dann mal in Wasser geht oder in Luft. Wie lange er das aushält, bevor es ihm zu langweilig wird, ist eine andere Frage. Im reinen Feuer ist Nähe nicht möglich.

Ebenso ergeht es den Männern mit schwierigen Frauen. Die sorgen meistens auch dafür, dass sie gut aussehen, mit den nötigen kleinen Hilfsmitteln wie künstlichen Fingernägeln, künstlichen Haarverlängerungen, künstlichen Wimpern, von Schönheitsoperationen ganz zu schweigen. Natürlich gibt es auch unter diesen Damen Naturschönheiten, die all das nicht nötig haben – aber alles, was hilft, um im Mittelpunkt zu stehen und wahrgenommen zu werden, ist erlaubt. Manche ziehen sich auch mit Absicht sehr extravagant an, nur um Gesprächsthema zu sein.

Wie die Bezeichnung »schwierige Frau« schon sagt, kann die Feuer-Frau immer mal wieder anstrengend und zickig sein. Sowohl beruflich als auch privat. Ebenso wie der Feuer-Mann ist sie eher auf sich fokussiert. Sie interessiert sich nur dann intensiv für andere, wenn sie auch selbst etwas davon hat. Nur eine Feuer-Dame kann auf die absurde Idee kommen, sich extra mit fülligeren Frauen anzufreunden, damit sie neben denen immer schlank aussieht. Die fülligeren Freundinnen bekommen die vermeintliche Freundschaft und die Feuer-Frau noch mehr Anerkennung.

Doch so schwierig diese Frauen auch manchmal sein mögen: Wenn sie lächeln, schmilzt jeder Vorwurf dahin. Diese Ausstrahlung, dieses Lachen, dieses Leuchten in den Augen, dieses Temperament, diese Leidenschaft sind nicht zu toppen. Ein typischer Spruch von einem Lebenspartner, der mit einer Feuer-Frau liiert ist: »Normalerweise ist sie ganz anders. Das werdet ihr schon noch merken. Gebt ihr eine Chance.« Anstrengend wird die Feuer-Frau in geselliger Runde tatsächlich oft nur, weil die Freunde des Partners ihr nicht genug Aufmerksamkeit schenken. Die Feuer-Frau wird sich erst dann anders benehmen, wenn sie anfangen, auch sie anzuhimmeln, anstatt den Freund ständig vor ihr zu warnen.

Feuer ist der geborene Schauspieler. Er spielt jeden Tag die Rolle seines Lebens. Und genau das ist seine Rolle: sein Leben. Je älter er wird, desto häufiger klopfen mal Selbstzweifel an die Tür, und er fragt sich, wer er wirklich ist. Je stärker die anderen Elemente sich in die Persönlichkeit einmischen, desto stärker wird er sein Auftreten hinterfragen. Ob er dadurch davon ablassen kann, ist eine andere Frage. Doch auch Feuer merkt irgendwann im Laufe des Lebens, dass Freunde und Familie wichtiger sind als Gegenstände und Nähe wichtiger als Status. Nur kommt diese Erkenntnis häufig recht spät. Falls sie schon in den 40ern zuschlägt, dann geht Feuer in Therapie, um sich selbst zu finden: den Menschen hinter der Fassade, die zwar sehr gut ankommt, sich aber nicht echt anfühlt.

Wenn Sie Glück haben, macht Feuer dann einiges wieder

gut, das er Ihnen im Laufe der Partnerschaft so zugemutet hat. So oder so – ein dickes Fell brauchen Sie als Partner eines Feuer-Menschen immer. Und eine tiefe Liebe zu dem Menschen hinter der Fassade.

Und wenn wir schon bei Schauspielern sind: In diesem Beruf finden sich viele Feuer-Typen. Gerne im Rampenlicht, neurotisch, selbstverliebt, cholerisch, aber auch charismatisch und anbetungswürdig. Denken Sie an die legendären Wutausbrüche von Klaus Kinski, oder auch an die vielen Rollen, die Jack Nicholson so überzeugend verkörpert hat. Das Böse und das Gute sind immer nah beieinander, und das macht die Faszination aus. In vielen Filmen gibt es diese Rollen für Männer und Frauen, die am Anfang egoistisch nur sich selbst sehen, um sich irgendwann durch überraschende Umstände zu wandeln beginnen und nach und nach Nähe zu anderen Menschen aufzubauen. Was in diesen Filmen den Spannungsbogen ausmacht, ist für Feuer Normalität – die Geschichte seines Lebens.

Der Feuer-Supermann ist der Rockstar unter den Elementen. Er ist derjenige, der mit einem Ferrari durch die 30er Zone fährt. Feuer ist neben der Erde der zweite männliche Anteil in uns und kein verbindendes Element. Wir lieben ihn, doch wir können ihn nicht greifen. Wir nutzen ihn, wenn Überzeugungskraft vonnöten ist, und ärgern uns über seine Selbstverliebtheit. Doch was wäre eine Konferenz, eine Party, eine Netzwerkveranstaltung, ein Team, eine Familie ohne diesen Superhelden? Langweilig.

Freude, Neugierde und Abenteuerlust – die Luft-Superfrau

In unserem regelverliebten Deutschland, wo alles seine klare Struktur und Gliederung haben soll, ist die Luft-Superheldin die Exotin, die sich alle möglichen Freiheiten nimmt. Sie ist der kreative Kopf in der Marketingabteilung, der zum Denken auf die Dachterrasse geht, um dort seine Ideen auf einen Zettel zu schreiben. Sie braucht Luft zum Atmen. Sie braucht viel freien Raum um sich, damit ihre Gedanken fliegen können. Sie braucht auch ein flexibles Zeitkontingent, weil sie nie weiß, wann sie eine gute, bahnbrechende Idee packt. Gerne fliegt so eine Luft-Marketingabteilung zum Denken auf die Insel Mallorca, um dort in der Sonne, im Swimmingpool, beim guten Essen mit Blick aufs Meer die Gedanken schweifen zu lassen. Zu viel Enge, zu viele Regeln machen die Luft unkreativ. Und dabei ist genau das ihre Stärke: Sie kann Luftschlösser bauen und hat die wahnwitzigsten Ideen, auf die sonst keiner kommen würde.

Was haben Sie für Assoziationen, wenn Sie an Luft denken? Vielleicht denken Sie an Leben, Atmung, Freiheit, Luftikus, einen Tornado, ein laues Lüftchen … Luft liebt Smalltalk. Dieses kleine, oberflächliche Gespräch, bei dem kein Thema in die Tiefe gezogen wird. Luft fühlt sich auf großen Veranstaltungen sehr wohl. Hier mal ein Plausch mit einem Kollegen am Buffet, dort einer völlig fremden Person ein Kompliment fürs Aussehen machen und hier mit jemandem über das Wetter diskutieren.

Netzwerkveranstaltungen, Kongresse, Partys sind das richtige Umfeld für den Smalltalk-Verliebten. Dadurch ist er ein Netzwerker vorm Herrn. Er kennt viele Menschen und verbindet gerne Menschen miteinander. Feuer verlangt für jede Vermittlung mindestens zehn Prozent Provision, da er seine wertvollen Kontakte ungern raus rückt. Luft verschenkt sie. Ihm geht es mehr darum, dass alle Spaß haben. Und er hat Spaß, wenn er zwei nette Menschen miteinander verknüpfen kann.

Denken Sie bitte nicht, dass Luft oberflächlich ist, nur weil er oberflächliche Gespräche mag. Luft mag den Smalltalk so gern, weil er die Leichtigkeit liebt und weil ihn seine Neugierde antreibt. Ihn interessiert alles, und da auch er nur 24 Stunden am Tag zur Verfügung hat, lebt er all diese tollen, spannenden Projekte lieber oberflächlich aus, als sich zu entscheiden und tiefer einzusteigen, wie es Wasser tun würde.

Beim Umzug ist Luft leider nicht so oft dabei, weil Umzüge keinen Spaß machen. Deswegen sagt Luft im ersten Schritt gerne zu, weil sie die Idee toll findet, etwas gemeinsam zu machen. Aber wenn ihr bewusst wird, wie wenig das Tragen von großen Gegenständen über einen engen Flur vom vierten Stock ins Erdgeschoss Spaß macht, dann sagt die Luft gerne kurzfristig ab. Sie bekommen die Luft allerdings dazu durchzuhalten, wenn Sie aus dem Umzug eine Spaßaktion machen. Wenn viel gelacht wird und immer wieder Pausen mit Pizza und Schokolade eingebaut werden. Wenn die Luft dann sogar noch in der neuen Wohnung auf einer Luftmatratze zwischen den Umzugskartons schlafen darf, dann ist das Abenteuer perfekt und die Luft euphorisch mit dabei.

Die Komödiantin und Schauspielerin Cordula Stratmann hat vieles gespielt. Doch besonders beliebt sind ihre Rollen, in denen sie in das Element Luft geht. Das sind die Auftritte, bei denen sie die chaotische, neugierige Frau spielt, die immer wieder neue, absurde, kreative Ideen hat, sich in Luftschlössern verliert, jeden mit stundenlangem Smalltalk nervt und nie lange schmollt, egal wie dumm ihr jemand gekommen ist.

Wenn Sie sich umschauen, werden Sie viele Frauen finden, die das Element Luft perfekt beherrschen. Nicht umsonst ist es der weibliche Anteil in uns neben dem Wasser. Sie finden aber auch einige Männer, die vielleicht beruflich den souveränen Erde-Typen abgeben, doch zu Hause mit dem Sohnemann begeistert stundenlang im Garten spielen. Dann wird aus der Erde ganz schnell Luft. In dem Moment geht er in seinem Teamgeist und dem Wir-Gefühl mit seinem Sohn völlig auf und ist wie ausgewechselt. Leider nehmen viele Männer diese Leichtigkeit nicht mit ins Büro. Denn dort findet der Ernst des Lebens statt. Immerhin ist das Leben kein Spiel.

Warum nur? Für Luft-Menschen ist es genau das: ein Spiel, ein Abenteuer. Und etwas mehr Leichtigkeit könnte in vielen deutschen Büros nicht schaden. Ein bisschen weniger Regeln, ein bisschen weniger Drama, ein bisschen weniger Profilneurose. Und dafür etwas mehr Spaß bei der Arbeit, am Team, am Leben, am Essen, am Telefonieren, am Chatten, am Dösen, einfach an allem.

Homosexuelle leben natürlich genauso jede Facette der Elemente aus wie Heterosexuelle. Doch bei jenen schwulen Männern, die sehr stark ihre weiblichen Anteile zur Geltung bringen, umgangssprachlich bezeichnen sie sich gern auch mal gegenseitig als Tunten, ist die Luft klar erkennbar. Die gesamte Körpersprache strebt nach oben, die Stimme wird hoch, die Gedanken fliegen und finden keine Ruhe. Ich habe in meinem Leben schon einige dieser Männer kennengelernt, und ich fand die meisten einfach nur bezaubernd. Natürlich können sie auf Dauer anstrengend sein, aber das ist bei den anderen Elementen nicht anders. Und immerhin haben wir hier einen Menschen, der seine Ellenbogen bei sich behält.

Um noch einen Moment im Klischee zu bleiben: Sie finden auch viele Frisöre, die Luft-Typen sind. In so einem Umfeld fühlen sich Luft-Menschen wohl. Und überall dort, wo sie ihre kindliche Art ausleben dürfen. Ich bin komplett Luft, wenn ich über den Dom in Hamburg gehe. Das ist eine Art Kirmes mit vielen Karussells, Zuckerwatte, Riesenrad, Geisterbahn, rot kandierten Liebesäpfeln und vielen anderen Leckereien. Da kommt das Kind in mir hoch, und ich möchte am liebsten alles auf einmal haben und essen und erleben.

Doch nicht allein. Über den Dom gehe ich nur, wenn jemand mitkommt, denn alleine macht es keinen Spaß, Luft zu sein.

Aus dem gleichen Grund finden Sie die Luft auch eher im Mannschaftssport. Es ist ihm viel wichtiger, dass alle zusammen gewinnen, als dass er alleine jemanden beim Tennis schlägt.

Luft im Gespräch

Da Neugierde ein wichtiger Schlüssel für eine gute Kommunikation ist, haben wir Luft auch gerne als Gesprächspartner. Da kommen nämlich immer viele lustige Geschichten auf den Tisch. Luft zeigt ehrliche Neugierde an allen anderen Gesprächsteilnehmern und spielt sich nicht in den Vordergrund.

Ein typisches Beispiel für Luft ist eine Frau, die erzählt, wie sie bei einer Netzwerkveranstaltung einen interessanten neuen Kunden kennengelernt hat. Sie erzählt, wie dieser neue Kunde den Saal betrat, um sich dann selbst zu unterbrechen, um davon zu reden, wo sie mit ihrem Roll-up von ihrem Unternehmen gestanden hat, um dann wieder zurückzuspringen zu dem Moment, wie er im Saal auf sie zukam, wobei ihr einfällt, dass es vorher noch wichtig ist zu erzählen, wie viele Menschen bei der Veranstaltung waren, um dann wieder damit zu beginnen, wie der Kunde den Saal betrat … Es ist eine nicht enden wollende Geschichte.

Solchen Menschen unterstellen wir auch gerne mal, dass sie Sprechdurchfall haben, weil die Geschichte kein Ende nimmt, ohne Punkt und Komma erzählt wird und ihr Sinn nicht zu ergründen ist. Außerdem springt die Sprechende von A nach P und über C zu S, ohne mit der Wimper zu zucken. Solche Mitarbeiter werden zu einem Rhetorikkurs geschickt, damit sie lernen, sich klarer, verständlich und mit weniger Worten auszudrücken.

Für Luft fast ein Ding der Unmöglichkeit, weil Luft alles spannend findet und somit auch alles relevant. Wie soll sie da entscheiden, was die Nettobotschaft sein könnte? Dieser Begriff stammt übrigens von Lutz Herkenrath, aus seinem Buch *Böse Mädchen kommen in die Chefetage*. Er meint damit, dass es häufig schlau ist, Tara (die Verpackung) wegzulassen und nur das auszusprechen, was netto dabei rauskommt. Ein tolles und sehr einleuchtendes Bild, das Erde sowieso schon lebt, weil ihm im Gegensatz zur Luft das ganze Tara-Gedöns gar nicht einfallen würde. Feuer wird es auch hinbekommen, weil er dadurch noch überzeugender auftreten kann, und das spielt ihm in die Karten. Wasser hat da schon eher Probleme, weil Wasser das ganze Für und Wider der Vorgeschichte genauso wichtig findet wie das Ergebnis. Und Luft hat eben so wahnsinnig viele Ideen und ist so dermaßen neugierig, dass sie sich einfach nicht entscheiden kann, was nun das Wichtigste sein soll in diesem heillosen Durcheinander.

Deswegen wird der Luft auch gerne unterstellt, dass sie ihre Meinung ändert wie ein Fähnchen im Wind seine Flugrichtung. Das liegt daran, dass die Luft so vieles spannend findet und ihr auch viele Argumente einleuchten. Da Luft wenig Interesse hat, den Teppich zu lüften und zu schauen, was darunterliegt, ist sie oberflächlich in vielen Dingen sehr gut informiert und kann sich für zig unterschiedliche Meinungen begeistern.

Ich bin dafür ein gutes Beispiel. Ich war stets auf der Suche nach einer Ernährung, mit der ich Spaß habe. Ich habe es mit Fasten probiert, was mir zwar gefallen hat, weil ich mehr Zeit für verrückte und spaßige Dinge hatte und keine Zeit mit Essen verschwendet habe, doch danach kamen die Kilos schneller wieder, als ich Yo-Yo-Effekt überhaupt aussprechen konnte. Dann probierte ich es mit Rohkost, weil mir durchaus einleuchtet, dass ich mit dieser Ernährung viel mehr Vitamine und Mineralstoffe zu mir nehme, als wenn ich alles zerkoche. Als ich noch in Spanien lebte, machte mir diese Ernährung sehr viel Spaß, doch wenn ich auf Reisen war, weniger. Unterwegs vernünftige Rohkost zu finden, ist meistens eine nervige Herausforderung. Also landete ich wieder bei Fressattacken, nur um danach mal eine Eiweißdiät auszuprobieren, bei der ich von morgens bis abends Fleisch essen sollte. Erstens machte mir das wenig Spaß, und zweitens schaute ich mir dann einige Dokumentationen im Fernsehen an, wie Tiere gehalten und geschlachtet werden. Also beschloss ich, mich nur noch vegan zu ernähren. Das war auf Reisen auch leichter durchzuhalten. Danach überzeugte mich aber auch die Blutgruppen-Diät, der Ernährungsplan nach dem Mondkalender, das intermittierende Fasten, wieder zurück zur veganen Rohkost und so weiter und so fort.

Jeder, der mich eine Weile nicht gesehen hat, fragt meistens als Erstes: »Und? Wie ernährst du dich im Moment?« Und dann lege ich begeistert und mit leuchtenden Augen los und erzähle von der neuen Ernährungsform, die ich gerade starte und die mich völlig überzeugt. Hier nun die Netto-Botschaft: Ich bin nun schon eine Weile der veganen Rohkost treu geblieben und kombiniere sie mit intermittierendem Fasten. Im Moment habe ich mir ein neues Dörrgerät zugelegt, das mir dabei hilft, auch unterwegs lecker und gesund zu essen. Das ist mein neues Spielzeug. Jeden Tag kreiere ich neue Leckereien, anstatt mich konsequent an dieses Buch zu setzen. Ich verspreche allerdings nicht, dass ich diese Ernährung für immer beibehalten werde ...

Bin ich deswegen oberflächlich? Kann sein. Bin ich wankelmütig? Kann sein. Ich würde es allerdings eher begeisterungsfähig nennen. Und das ist auch eine der großen Stärken von Luft: die Neugier, die Abenteuerlust. Etwas Neues entdecken, etwas Neues erleben, etwas Neues ausprobieren macht mit Luft besonders viel Spaß. Wasser fühlt sich in gewohnten Gefilden wohler und würde bei der ersten kleinen Schieflage sofort jammern, dass sie ja gewusst habe, dass es eine blöde Idee war. Erde würde bei einigen Dingen mitmachen, aber auch nicht jeden Blödsinn ausprobieren, und Feuer immer nur dann, wenn es dabei glänzen darf. Der Luft ist es dagegen am wichtigsten, einfach nur dabei zu sein. Ob in der ersten oder zweiten Reihe, als Verlierer oder Gewinner, ist ihr nicht so wichtig.

Die meisten haben sofort ein Gefühl von Abwehr in sich, wenn sie an Luft denken. Luft will kaum einer sein. Dabei wird gerne vergessen, dass wir alle mal Luft waren. Und zwar als Kinder. Natürlich gibt es auch die Kinder, die in der Zimmerecke freiwillig mit sich allein Schach spielen, doch die meisten Kinder sind neugierig und fragen den Eltern mit Warum-Fragen Löcher in den Bauch. Kinder lieben Abenteuer, wollen die aber nicht alleine, sondern mit Papa und Mama oder Freunden erleben. Alleine ist langweilig, zu zweit macht es viel mehr Spaß. Kinder fangen an zu schmollen, wenn die Eltern sagen: »Fang doch schon mal an mit dem Spielen, ich komme gleich dazu.« Das ist ja nicht der Sinn der Sache, das Kind möchte doch gar nicht alleine anfangen. Es möchte mit anderen Luftschlösser bauen.

Die kleine Luft möchte in Unterwäsche mit Taschentuch um den Hals gebunden durch die Felder laufen und sich vorstellen, dass sie Wonder Woman ist. Spätestens nach dem Sprung in einen leeren Bach voller Brennnesseln und Disteln ist der Spaß erst einmal vorbei. Dann wird geweint, geschmollt, um sich kurz darauf voller Begeisterung in ein neues Spiel zu stürzen.

Woher ich das weiß? Ich war Wonder Woman.

Luft im Job

Als ich noch beim Radio arbeitete, waren es meistens die Luft-Typen, die sich die MA-Spiele ausgedacht haben. Ein MA-Spiel ist ein Spiel für die Marktanalyse. Zweimal im Jahr wird ermittelt, welcher Radiosender die meisten Hörer hat. Meistens per Telefonumfrage. Und genau in diesen Umfragezeiten starten alle Radiosender ihre Gewinnspiele, um die Hörer an sich zu binden bzw. neue zu locken. Kurz vor dem Start stand die Marketingleiterin dann immer mit leuchtenden Augen vor uns Moderatoren und erklärte das neue Gewinnspiel. Häufig war es nicht so ganz durchdacht, und die Techniker konnten es noch nicht umsetzen, aber das interessiert die Luft dann weniger. Luft hat die Idee, und für die Umsetzung sind andere da.

Doch denken Sie jetzt bitte nicht, dass Luft so egoistisch ist wie Feuer. Ganz im Gegenteil. Luft ist eine Teamplayerin. Wenn Sie gerne ein Teil vom Ganzen sein wollen, dann gehen Sie sprichwörtlich in die Luft. Luft hat gute Ideen, aber noch bessere, wenn sie mit mehreren Leuten Brainstorming machen darf. Ihr Lieblingswort ist »wir«. Sie spielt sich nicht in den Vordergrund, sondern hat einfach Spaß daran, mit ihren manchmal kindischen Eingebungen Geld zu verdienen. Luft würde ihre Ideen auch selbst in die Tat umsetzen, doch häufig halten sie der Realität nicht stand. Und sobald die Luftschlösser auf den harten Boden der Tatsachen geholt werden, ist die Luft so überfordert, dass sie das Projekt nicht rechtzeitig fertigstellen kann. Deswegen ist es schlau, wenn Sie in einem Team die Erde mit der pünktlichen Umsetzung beauftragen. Luft wird dafür engagiert, gute Ideen zu haben, die Erde, um diese umzusetzen, und das Feuer, um sie dem Kunden zu präsentieren, während Wasser für den Zusammenhalt aller zuständig ist. So hat jeder seine Funktion.

Ich hatte im Training eine Führungskraft, die als typischer Feuer-Mensch so arrogant auftrat, dass seine Mitarbeiter und Kollegen sich allmählich weigerten, überhaupt noch mit ihm zu reden. Nun wollte er lernen, noch mehr Stärke auszustrahlen. Ich riet ihm stattdessen, mal etwas schwächer und oberflächlicher und harmloser zu wirken. Ich brachte ihm das Modell der Elementaren Kommunikationstypen bei und legte ihm nahe, dass er ab sofort häufiger die Luft ausleben sollte.

Das war völlig neu für ihn, denn in seiner Welt kam man mit noch mehr Stärke und noch mehr Souveränität und noch mehr Dominanz ans Ziel. Doch im Team eben nicht, denn bei einem Miteinander geht es um die Augenhöhe. Das hatte dieser Vorgesetzte als Feuer-Mensch nicht beachtet. Luft ist stets auf Augenhöhe. Selbst wenn sich die Luft mal erhebt und im Mittelpunkt steht, so wirkt sie dabei so harmlos, dass alle es ihr gönnen. Jeder weiß, dass der Luft-Typ zuerst an das Team denkt und immer ein Teil vom großen Ganzen sein möchte.

Als nun die Führungskraft anfing neugierig zu werden, sich für die anderen ehrlich zu interessieren, sich in der zweiten Reihe aufzuhalten und dabei sogar noch wohlzufühlen, wurde auch das Betriebsklima wieder besser. Da er Kinder hatte, war ihm das Element Luft vertraut, und die Umsetzung bereitete ihm zu seiner eigenen Überraschung keine großen Schwierigkeiten. Nur wäre er von allein nie auf die Idee gekommen, dass ihm ein Tiefstatus im Berufsleben mal weiterhelfen könnte.

Sie möchten einen Kunden von einer Idee begeistern? Dann kann es schlau sein, das Feuer auszuleben. Sie möchten Ihr Team für eine neue Idee begeistern? Dann wäre es schlau, mit dem Element Luft vor Ihre Mannschaft zu treten. Neue Wege, vielleicht eine neue Software im Unternehmen oder eine neue Telefonstrategie, werden selten mit lautem Hurra entgegengenommen, weil diese neuen Wege zusätzliche Arbeit bedeuten. Natürlich kann Feuer die Mitarbeiter für das Ziel begeistern. Doch um ihnen klarzumachen, dass der anstrengende Weg auch Spaß machen kann, ist die Luft besser geeignet. Dann kommt die Anweisung nicht von oben herab, sondern von einem aus demselben Team. Es wird auf Augenhöhe kommuniziert, was unglaublich hilfreich ist, wenn Sie gute, wertschätzende Gespräche führen möchten.

Die Neugierde hilft der Luft auch bei Konflikten, weil sie nicht so schnell und vor allem nicht so lange schmollt und dann neugierig versucht, den anderen mit seiner gegensätzlichen Meinung zu verstehen.

Luft ist auch gut im Improvisieren. Immer wenn bei einem Projekt etwas schiefläuft, dann aktivieren Sie bei sich die Luft oder holen Sie jemanden hinzu, der starke Luft-Anteile hat. Der wird über den Tellerrand hinausdenken, denn ein Rand, eine Abgrenzung, ein Ende interessiert die Luft nicht. Und schon tun sich neue Wege und Möglichkeiten auf, die vielleicht sogar noch viel besser sind als die ursprüngliche Idee.

Luft in der Beziehung

In der Liebe ist Luft sowohl der Lebenspartner als auch der beste Freund. Sie werden viel herumalbern, er wird Sie immer wieder zum Lachen bringen, und neben der Luft werden Sie sich leichter fühlen. Da ihren Gefühlen häufig die vom Partner gewünschte Tiefe fehlt, werden Luft-Menschen manchmal mit der Begründung verlassen, dass sie wie eine Schwester oder ein Bruder geliebt werden, aber eben nicht romantisch. Und die armen Luft-Expartner bekommen zu hören, man schätze sie sehr, wie den besten Freund, doch das Kribbeln im Bauch wolle sich einfach nicht einstellen – oder bleiben.

Natürlich kann die Luft lieben. Doch eben auf eine leichtere Art.

Die Luft-Superfrau bringt Lachen in Ihr Leben. Sie werden auf einmal auf Veranstaltungen gehen, die Sie vorher nie beachtet hätten, und sich dabei sogar noch wohl fühlen. Die Luft ist der Teamspieler unter den Elementen und unglaublich kreativ. Sie möchten Spaß und Abenteuer in einem Wir-Gefühl ausleben? Dann sind Sie bei der Luft an der richtigen Adresse.

Mit Luft haben Sie in der Beziehung ganz viel Spaß, mit Feuer erleben Sie Leidenschaft pur, mit Wasser spüren Sie die tiefen Emotionen der Liebe, und mit Erde haben Sie einen zuverlässigen Partner an Ihrer Seite. Alles hat seine Vorteile, und schön wäre eine Mischung aus allem. Und zwar im positiven Sinne. Sie möchten keinen cholerischen, emotional-anstrengenden, wortkargen Luftikus haben. Nicht als Partner.

Und als Kollegen oder Freund vermutlich auch nicht. Niemand will das.

Deshalb gehen wir jetzt einen Schritt weiter und zu den

Gesten. Mit ihrer Hilfe können Sie ergründen, wie Sie sich klassisch konditionieren können, um in Zukunft zwischen den Elementen variieren zu können. Zwischen Ihren eigenen Charaktereigenschaften zu wechseln, spielerisch herauszufinden, was für Stärken Sie schon haben und welche Sie noch in sich aktivieren können.

Schicken wir erst mal Herrn Stegmann vor.

3.
Herr Stegmann erkennt seine Schwächen

Schon wieder hat die Seminar-Falle zugeschlagen. Ulrich Stegmann ist drei Tage in Dänemark gewesen, um seine Führungspotentiale noch stärker zu entfalten. Wobei er nach dem ersten Tag frustriert festgestellt hat, dass es da kein »stärker« gibt. Er fängt bei null an. Zumindest laut Aussage der Trainerin, Frau Kunze. Sie hat ihm ein Persönlichkeitsmodell mit vier Elementen vorgestellt, und er sollte sich darin wiederfinden.

Er suchte. Wirklich. Auch zeitintensiv. Und angestrengt. Doch er fand sich in keinem der vier Elemente wieder. Allein schon das Wort »Element« – das ist ihm alles viel zu esoterisch. Er will weder Luft noch Wasser noch Erde und auch kein Feuer sein. Er ist, wie er ist. Basta.

Elemente. Da hat ihm das Modell früher mit den roten, blauen, grünen und gelben Typen noch besser gefallen. Zumindest war das weniger spirituell.

Mal wieder ist es Montagmorgen. Hätte er ein normales Wochenende gehabt, dann wäre er jetzt auch entspannt.

Doch er hat seine Frau Klara kaum gesehen, und seinen Sohn Till schon gar nicht. Der war gestern Abend schon im Bett, als er aus Dänemark zurückkam.

Immer diese Seminare. Da bekommt man ein paar Tage lang das Gehirn vollgetrichtert, und dann soll man das mal eben umsetzen. Natürlich nachhaltig. Ohne dieses Wort kommt wohl kein Seminar mehr aus, denkt Herr Stegmann und schiebt mit seinem Fuß den Abfalleimer ein bisschen weiter nach hinten. Aber wie sollen drei Tage alles verändern? Auch wenn er nun weiß, dass er – er schielt auf seinen Notizzettel –, dass er Luft und Feuer ist?

Luft und Feuer, überlegt er, das ergibt zusammen einen wunderbaren Brand. Hat Frau Winter eigentlich schon Infos zum Thema Brandschutz für seine neuen umweltfreundlichen Häuser geliefert? Er durchwühlt das Chaos auf seinem Schreibtisch und findet: nichts.

Wenn man nicht alles selbst macht. So langsam, aber sicher wird er sauer. Er muss zu so einem blöden Seminar extra ins Ausland fahren, während Frau Winter ein Seminar in »Wie halte ich mal Termine ein und erledige Aufgaben« viel dringender nötig hätte. Aber die darf natürlich hier bleiben und ein vernünftiges Wochenende verleben. Und warum fand das Seminar am Wochenende statt? Weil es eine Belohnung sei, meinte Herr Kraft, als er ihm freudestrahlend mitteilte, dass er für ihn noch den letzten Platz ergattern konnte. Da war die Freude groß. Zumindest bei Herrn Kraft.

Okay, da diese Fortbildung in den nächsten Monaten noch weitergeht, wird ihm nichts übrigbleiben, als sich einen Hauch damit auseinanderzusetzen.

Er ist also Luft. Herr Stegmann grinst. Das klingt lustig. Er ist Luft. Frau Winter ist auch langsam Luft für ihn. Er grinst noch breiter. Luft, meinte Frau Kunze. Nur würde er nicht alle Stärken dieses Elements nutzen. Er sei kreativ, was eine

Stärke von Luft sei, aber dann müsste Smalltalk für ihn ein Kinderspiel sein. Das war der Moment, wo er im Seminar laut losgelacht hat. Die Worte Smalltalk und »Kinderspiel« in einem Satz, der von ihm handelt – da konnte er nicht mehr an sich halten. Deswegen war er ja in dem Seminar, um genau das zu lernen, und nun kam die Kunze und meinte, er könne das schon. Na klar doch.

»Was für Seminare haben Sie bisher schon besucht?«, fragte ihn Frau Kunze.

»Zeitmanagement und Präsentationstraining. Und natürlich auch ein paar fachspezifische Seminare für Architekten. Warum?«, fragte er zurück.

»Ich will mir nur einen Überblick verschaffen. Welches Seminar mochten Sie am wenigsten?«

»Ach, die sind meistens Zeitverschwendung.«

»Warum?«

»Zum Beispiel genau jetzt dieses Gespräch hier. Nichts gegen Sie, Frau Kunze. Sie sind bestimmt sehr kompetent, aber diese Plauderei mit Ihnen bringt mich doch kein Stück weiter, und das war bei den anderen Seminaren ähnlich.«

»Was hat Sie bei den anderen Seminaren am meisten genervt?«

»Dass mir ständig suggeriert wurde, dass ich falsch bin. Da kommt so ein Trainer und meint, dass ich meinen Schreibtisch aufräumen soll, weil ein voller Schreibtisch Zeit kosten würde. Das ist doch Quatsch mit Soße. Ich bin zwar chaotisch, aber ich halte immer meine Termine ein. Immer. Und bei dem anderen Seminar, wo es um eine Präsentation ging, da musste ich mich auf ein Stück Zeitungspapier stellen, weil ich zu viel gegangen bin. Was soll das? Darf ich nicht mehr gehen? Was habe ich von Seminaren, in denen nur gemeckert wird und die Tipps dann überhaupt nicht zu mir passen?«

»Stimmt. Das sehe ich genauso. Und wissen Sie, was Sie gerade gemacht haben?«

»Hä?«

»Sie haben sich mit mir unterhalten. Das können wir jetzt Smalltalk nennen oder Business-Talk, ganz wie Sie mögen. Doch Sie haben sich mit mir über ein nicht allzu tiefschürfendes Thema unterhalten. Ich wusste doch, dass Sie es können.«

Also gut, sie meinte nicht, dass er es nun ab sofort immer könne, sondern dass er diese Stärke in sich hätte, die er noch nicht voll ausschöpfen würde. Bei der Erinnerung an diese Wortwahl verdreht Ulrich Stegmann die Augen, und dann gleich noch ein zweites Mal, weil er es hasst, wenn andere Recht haben.

Und dann meinte die Kunze, dass er auch in hohem Maße Feuer sei. Nach seinem Wutausbruch am zweiten Tag wurde ihre Theorie zur Tatsache erkoren, und er hatte seinen Stempel weg. Na super. Natürlich regte er sich manchmal auf, aber doch nur, weil die anderen nicht vernünftig arbeiten.

Wie zum Beispiel Frau Winter. Er müsste sich ja nicht aufregen, wenn sie ihm die nötigen Brandschutz-Infos für sein Projekt geliefert hätte. Wieso ist das nun Feuer? Das ist Frau Winter, die nicht das macht, was er ihr sagt.

Er kickt den Abfalleimer mit dem Fuß noch ein Stück weiter nach hinten.

Und im Seminar hat er sich nur so aufgeregt, weil Frau Kunze ihm nicht sofort vernünftig klarmachen konnte, was der Schauspielunterricht soll. Sie redet von Authentizität und kommt mit Schauspielübungen, die echt albern aussehen. Das ist doch wie in der Waldorfschule, wenn alle 14 Teilnehmer gleichzeitig auf den Boden zeigen, weil sie ›Deuten‹ üben. Rückblickend hatte die Situation auch ihr Komisches, aber in dem Moment hat er sich zu Recht aufgeregt.

Und weil er Feuer ist, soll er auch in der Lage sein, neue Ideen so zu präsentieren, dass ihm alle an den Lippen hängen. Bisher hingen seine Zuhörer eher mit den Augen an der PowerPoint-Folie oder an den eigenen Smartphones, die sie verstohlen unterm Tisch anschalteten.

Wieso hilft ihm Frau Kunze nicht mit klaren Ansagen, was er beim Smalltalk beachten soll und wie er bei einer Präsentation mehr begeistern kann? Nein. Stattdessen zeigte Frau Kunze ihnen sechs Gesten, die sie am dritten Tag ständig mit allen Elementen üben mussten. Deuten in Luft, Deuten in Erde, Deuten in Wasser, Deuten in Feuer. Für ihn war es nur ein sinnloses Deuten auf den Fußboden oder ein Deuten auf die Wand. Von Feuer oder irgendwas spürte er gar nichts.

Wie kam Herr Kraft nur auf die Idee, ihn zu so einem Seminar anzumelden? Bisher war er doch auch der Meinung, dass er das Führen von allein lernen würde. Jetzt soll er jeden Tag diese Gesten mit den Elementen üben? Das ist peinlich. Und sinnlos. Wieso sollte sich dadurch sein Smalltalk verbessern?

Genervt knüllt er das Notizblatt zusammen, zielt und versenkt die Notizen zum Luft-Feuer-Gemisch im Abfalleimer. Basta.

Die sechs Gesten

Die Chefin betritt den Besprechungsraum und schaut. Sie bleibt vorne am Tisch stehen und schaut jedem einzelnen der acht anwesenden Mitarbeiter ruhig und intensiv in die Augen. Ihr Blick weicht kein einziges Mal aus. Sie hypnotisiert weder den Fußboden noch die Baumspitzen vorm Fenster. Sie schaut. Sie schaut ihre Mannschaft an und nimmt jeden Einzelnen unter die Lupe.

So fühlen sich zumindest ihre Mitarbeiter, vor allem, weil

das vor einigen Monaten noch ganz anders war. Da hatte die Chefin noch so eine unsichere Art an sich, stolperte rein, entschuldigte sich fürs Stolpern, fing mit dem Meeting an, schaute dabei aber ständig auf den Boden oder auf ihre Notizen und rannte am Ende förmlich wieder raus, als hätte sie diesen Moment das ganze Meeting über herbeigesehnt. Das war stets ein lustiges Schauspiel, auf das sich alle freuten.

Doch das hatte sich nun geändert. Langsam, aber stetig. Denn die Chefin nutzt nun die Deuten-Geste, um ein klares Interesse an ihrem Umfeld zu signalisieren.

Die Tränen kullern ungehemmt die Wange herunter. Frau Griebel gehört zum älteren Semester, sitzt zitternd auf dem Behandlungsstuhl und lässt sich von ihrem Arzt ein Taschentuch reichen. Eine Woche lang ist sie im Krankenhaus gewesen, weil sie nachts hingefallen war und sich den Kopf aufgeschlagen hatte. Der Kopf hatte sich gut erholt, aber ein Krankenhauspfleger hat ihr nebenbei gesagt, dass sie wohl Diabetes hätte. Beim Hausarzt wollte sie nun die Diagnose überprüfen. Und als er sagt, dass sie nicht zuckerkrank ist, löst sich der Schock in Form von herzzerreißendem Weinen.

Der Arzt weiß gar nicht, was er sagen soll, denn dass alles gut ist, hat er ja schon klar ausgesprochen. Sicherheitshalber wiederholt er die Worte noch einmal. Doch immer noch fließen die Tränen unaufhaltsam. Das Wartezimmer ist voll, und an der Tür steht schon mit mahnendem Blick seine medizinisch-technische Assistentin. Der Arzt ist in vielem sehr gut, doch als einfühlsamer Zuhörer war er bisher eine Niete.

Doch heute schafft er es trotz der Hektik um ihn herum, dank der Innenraum-Geste.

Ein Traum. Anne und Peter schlendern durch ihr neues Haus. Wobei es ihnen noch nicht gehört, weil sich die Maklerin bisher nicht von ihrer horrenden Preisvorstellung verabschieden konnte. Sehr schade, denn der Garten ist perfekt. Groß genug für ein Planschbecken, doch trotzdem klein genug, damit sie keinen Gärtner brauchen. Am schönsten ist allerdings die offene Küche, die nahtlos über einen großzügigen Essbereich ins Wohnzimmer mündet. Genau hier stehen sie jetzt Hand in Hand und schauen sich über die bodentiefen Fenster das Naturschutzgebiet an, welches direkt hinter ihrem Garten beginnt.

Während sie den Blick in die Ferne schweifen lassen, überlegt Peter, wie er die Maklerin überzeugen könnte. Er will das Haus unbedingt, doch nicht zu diesem Preis. Als Softwareentwickler ist er nicht gut im Verhandeln. Das musste er bisher nur selten, und meistens ging es schief. Er nahm bisher alles so, wie es kam, ohne zu feilschen.

Doch hier bleibt ihm nichts anderes übrig. Und dank der Zweifel-Geste kann er sich schließlich mit der Maklerin auf einen Preis einigen, der beiden nur ein kleines bisschen wehtut.

Sabine atmet tief ein, hält die Luft einen Augenblick an und stößt sie dann mit einem lauten Seufzer wieder aus. Nun liegt es an ihr. Die Hundetrainerin hat ihr klare Anweisungen gegeben, wie sie ab sofort mit Toni umgehen soll. Bei der Trainerin, die gerade zur Tür hinausgegangen ist, sah das alles so leicht aus. Die hat dem spätpubertierenden Mischlingsrüden klare Grenzen gesetzt, und er war kurze Zeit später fromm wie ein Lamm.

Um genau dasselbe zu erreichen, soll Sabine entschlossen auftreten und konsequent die neuen Regeln durchsetzen. Eine davon ist, dass Toni nicht mehr auf dem Sofa sitzen darf. Sabine holt noch einmal tief Luft und geht ins Wohnzimmer. Toni liegt vor dem Fenster, aber sobald sie den Raum betritt, tippelt er schon zum Sofa und schaut sie mit herzzerreißendem Blick an. Sie setzt sich und ignoriert den Blick. Toni verändert seine Sitzposition so, dass er wieder mit diesem bittenden Blick direkt in ihrem Blickfeld sitzt. Sabine ignoriert ihn weiter, bis Toni seinen Kopf auf ihren Oberschenkel legt. Ihre Hand zuckt schon, um ihn zu streicheln, und am liebsten würde sie »Hopp« sagen und es sich mit ihm auf dem Sofa gemütlich machen.

Dank der Antipathie-Geste bekommt sie aber die klare Entschlossenheit hin, um auf diese emotionale Erpressung von Toni nicht mehr einzugehen.

Beinahe wäre Julia ihm buchstäblich in die Arme gelaufen. Wie gut, dass sie ihn schnell genug von weitem an seinem energischen Gang erkannt hat und in den Kopierraum abbiegen konnte. Das ist aber auch ein unangenehmer Kollege. So arrogant und selbstverliebt, als ob ihm der Laden gehören würde. Dabei ist er ein stinknormaler Angestellter und hierarchisch keinen Millimeter höher angesiedelt als sie.

Doch Julia fühlt sich jedes Mal klein vor ihm. Er hat so einen durchdringenden Blick, hebt dabei gerne ironisch die rechte Augenbraue und grinst herablassend. Je wütender sie das macht, desto breiter wird sein Grinsen. Und nun sollen sie beim nächsten Projekt als Team arbeiten. Super. Der weiß doch gar nicht, wie man das Wort buchstabiert. Sie hat sich auch sofort beim Chef beschwert, aber der meinte nur, dass ihre Kompetenzen sich super ergänzen würden und er keine Lust auf diesen Kindergarten hätte.

Es gilt also, diesem selbsternannten König trotz aller bisherigen Differenzen offen entgegenzutreten. Entschlossen verlässt Julia den Kopierraum, geht ihm hinterher und führt ein zugewandtes Gespräch mit ihm, um die ersten Schritte der Zusammenarbeit zu besprechen. Dank der Sympathie-Geste fühlt sie sich dabei richtig gut.

Gregor sitzt in seiner Lieblingskneipe in einer ruhigen Ecke und lässt den Tag Revue passieren. Es ist ihm völlig schleierhaft, wie so viele Katastrophen in 24 Stunden passen konnten. Erst ist ihm ein großer Kunde abgesprungen, und sein Chef war so sauer, dass er ihm sogar mit Kündigung gedroht hat, wenn er das nicht wieder geradebiegt.

Dann hat ihn noch eine SMS seiner Frau erreicht, die für ihren Liebhaber gedacht war und versehentlich an ihn ging. Sie hat den Fehler erst bemerkt, als er sie nach einem guten Scheidungsanwalt fragte. Seitdem bombardiert sie ihn mit entschuldigenden und erklärenden Nachrichten, Anrufen, E-Mails. Es sei alles ganz anders, als es gerade aussehe. Was für ein alberner, kitschiger Satz.

Er braucht jetzt einen klaren Kopf. Er will weder seine Frau noch seinen Kunden noch seinen Job verlieren. Jetzt emotional um sich zu schlagen wäre fatal. Das würde alles nur noch schlimmer machen. Er braucht erst einmal Ruhe. Dieses emotionale Durcheinander bringt ihn nicht weiter. Er will Stück für Stück die Puzzleteile möglichst objektiv sortieren und überlegen, wie er nun in allen drei Fällen vorgehen könnte.

In seiner Lieblingskneipe, im Halbdunkeln mit der Neutral-Geste gelingt ihm das schließlich.

Wenn dieses Buch nach der Vorstellung der Elemente und der Superhelden aufgehört hätte, dann wäre es einfach nur ein weiteres Buch über Kommunikationstypen gewesen. Doch mit den sechs Gesten, die sich der Clown und Schauspieler Frieder Nögge ausgedacht hat, können Sie sich konditionieren. Dadurch haben Sie die Möglichkeit, aus eingefahrenen Verhaltensmustern auszubrechen. Sie können Stärke ausstrahlen, Emotionen runterfahren, sich in schwierigen Situationen einigermaßen wohlfühlen, wertschätzend auf andere zugehen, Verhandlungen zu Ihren Gunsten beeinflussen und eine raumgreifende Präsenz erzeugen. Und damit habe ich nur einige wenige der großen Dienste genannt, die die Gesten uns erweisen können. Die Möglichkeiten sind beinahe unbegrenzt. Sie bekommen mit den Gesten das nötige Werkzeug, um die Stärken auszuleben, die in Ihnen schlummern, sich weiterzuentwickeln und sich selbst als Persönlichkeit noch bewusster wahrzunehmen.

Die sechs Gesten stehen für sechs Emotionen. Frieder Nögge hat diesen Umstand genutzt, um mit den vier Elementen und den sechs Gesten jede nur erdenkliche Emotion spielen zu können. Auch bei meinem Schauspielunterricht war dies damals das Ziel. Und genau darin ist auch die Chance für Ihre Weiterentwicklung verborgen. Denn durch die sechs Gesten können Sie in jedem Element alle Emotionen spielerisch durchleben. Sowohl in Erde als auch in Feuer, Wasser oder Luft. Sie spüren dadurch alle Facetten des jeweiligen Kommunikationstypen. Falls Sie bisher von Ihrem Element nur einige Emotionen ausgelebt haben und andere Stärken ignorierten, so reicht es, die sechs Gesten später in dem jeweiligen Element durchzugehen. Allein dadurch aktivieren Sie in sich schlummernde Potentiale. Wie zum Beispiel Herr Stegmann die bisher fehlende Improvisationskunst entdecken wird, die er als Luft-Typ zwar in sich trägt, zu der er aber bisher keinen Zugang fand.

Das Üben der Gesten-Abfolge in den Elementen sorgt dafür, dass Sie alle Emotionen ausleben und im Alltag sofortigen Zugriff darauf haben. Es klingt einfach, und es ist einfach. Auch wenn das mal albern wirken mag, was bei Herrn Stegmann fast zur Ablehnung des Modells führte, haben Sie nach dem Üben eines der wertvollsten und effektivsten Kommunikationswerkzeuge an der Hand, die es gibt. Und Sie werden es nie wieder missen wollen.

Das professionelle Schauspiel-Handwerkszeug der Gesten ist dafür da, dass Sie jede Emotion fühlen können, ohne allzu gefühlsduselig zu werden. Wie ich schon eingangs erwähnt habe, hat es mir früher wenig geholfen, wenn ich an etwas Trauriges gedacht habe, wenn ich auf der Bühne eine zu Herzen gehende Ballade singen sollte. Denn dadurch wären nicht nur die Emotionen gekommen, sondern auch die Tränen und der dicke Kloß im Hals. Weder mit dem Kloß noch mit den Tränen lässt es sich gut singen. Die Herausforderung war also, melancholisch zu wirken, ohne es wirklich zu sein.

Die Kunst ist, die Träne im Auge schimmern zu lassen, ohne dass sie die Wange herunterrollt. Denn wenn die Träne in den Augen der Sängerin schimmert, dann fühlen alle mit, sind gebannt und ergriffen. Sobald allerdings die Sängerin anfangen würde zu weinen, wäre der Bann gebrochen, der Zauber vorbei, und die Zuschauer würden sich verunsichert umsehen und sich mit anderen Zuhörern absprechen, ob und was getan werden soll. Vielleicht sollte ihr jemand ein Taschentuch reichen? Oder ist das Weinen Teil der Show? Der Grad ist schmal zwischen Zauber und Verunsicherung des Publikums.

Daher gilt es, vor allem bei Sängern, die Emotion zu fühlen, ohne von ihr überrollt zu werden. Bei Schauspielern ist dies noch einmal anders, weil es da sehr authentisch wirkt, wenn dem Schauspieler in seiner Rolle vor lauter Trauer die Stimme wegbricht. Doch sind Sie kein Schauspieler, der zwei Stunden lang die Rolle seines Lebens in einem geschützten Raum spielt. Sie haben vielmehr die Herausforderung, ständig von einer Situation in die nächste zu schlittern. Im Alltag besteht die Kunst darin, emotional ständig umschwenken zu können. Sie möchten im Kundengespräch sachlich den Preis herunterhandeln, um danach bei einem Mitarbeitergespräch aufbauende Worte bei einem Todesfall zu finden, um direkt danach ein Telefonat mit Ihrem Chef zu führen und dabei Souveränität auszustrahlen und danach noch auf einer Kundenveranstaltung mit lässigem Smalltalk zu glänzen. Es geht ping-pong-ping-pong-ping-pong, immer hin und her.

Wenn Sie sich bei jedem Gespräch gefühlsmäßig reinknien würden, dann würde das ungemein schlauchen. Das lässt sich ab und an nicht vermeiden, doch in der Summe der Herausforderungen des Alltags ist es extrem hilfreich, schnell im Duktus wechseln zu können. Und das geht ohne weiteres, wenn Sie gar nicht zu tief in eine Emotion getaucht sind.

Der Grundtenor der Gesten lautet also: Gefühle aktivieren, ohne davon überfordert zu werden.

Damit Sie nun nicht von den Gesten und dem Üben überfordert sind, gibt es online zu jeder Geste ein Video, in dem ich es vormache und Ihnen genau erkläre, wie es funktioniert. Später werden die sechs Gesten immer in derselben Abfolge in einem Schwung durchgeübt. Und wenn Sie diese in den einzelnen Elementen durchspielen, werden Sie auf einmal den großen Aha-Moment erleben.

Bereit? Dann mal los.

Deuten: Das Interesse am Gegenüber

Der Name der Geste sagt schon alles. Sie deuten auf etwas. Auf dem Fußboden, an der Wand, auf der anderen Straßenseite, im Himmel – irgendwo ist etwas, auf das Sie deuten. Außerhalb Ihrer inneren Welt finden Sie etwas spannend, auf das Sie hinweisen. Sie fühlen sich magisch davon angezogen. Ähnlich wie eine Sonnenblume sich von der Sonne magisch angezogen fühlt und ihre Blüte zur Sonne hindreht.

Dieses Deuten zeigt klar das Interesse an diesem Etwas außerhalb Ihres Körpers. Deswegen wird auch heute noch in der Körpersprache gesagt, dass wir uns häufig zu jemandem hinbeugen, den wir mögen und interessant finden. Sie brauchen sich allerdings nicht auf den Schoß Ihres Gegenübers zu setzen, um maximales Interesse zu zeigen. Es reicht, wenn

Sie die Deuten-Geste intensiv spüren, und dann strahlt Ihr ganzer Körper dieses Interesse aus.

Das funktioniert deshalb, weil für unseren Kopf alles real ist, was wir denken. Wenn Sie also denken, dass Sie verliebt sind, dann wird der ganze Körper reagieren. Wenn Sie denken, dass Sie wütend sind, wird sich der gesamte Körper anspannen und sämtliche Signale der Wut zeigen. Die Abfolge ist im Körper recht simpel: Erst kommt der Gedanke, dann die passende Emotion, dann zeigt sich diese als Mikrobewegung im Gesicht. Die Mimik ist somit der Bereich, wo die Emotion für unser Umfeld zuerst sichtbar wird. Daher gibt es viele Experten, die sich hauptsächlich auf die Mimik konzentrieren und auf diese kaum erkennbaren winzigen Regungen im Gesicht, um herauszufinden, ob wir lügen oder die Wahrheit sagen. Meistens können wir diese Mikrobewegungen nicht beeinflussen, und somit legen wir durch sie die Karten unserer Emotionen auf den Tisch. Wenn im Training jemand auf mich zukommt und mir zuflüstert, dass jeder jede Emotion sofort an seinem Gesicht sehen könne und er das nicht will, dann fange ich häufig an zu schmunzeln. Denn mit dieser Problematik ist er in guter Gesellschaft mit fast jedem anderen Menschen auf dieser Welt.

Genau aus diesem Grund überrollen mentale Übungen gerade den deutschen Trainermarkt. Weil es einfacher ist, das Übel an der Wurzel zu packen. Es ist leichter, sich auf positive Gedanken zu konzentrieren, als nach negativen Gedanken und einer dazu passenden Miene die Körpersprache positiv zu öffnen und eine gerade Körperhaltung einzunehmen. Das bewirkt häufig eher das Gegenteil, denn der Gesprächspartner sieht, dass der Redner nicht stimmig ist. Unbewusst spüren Menschen, dass die Mimik nicht zur Körpersprache passt oder die Körpersprache nicht zu den Worten.

Merken Sie sich den folgenden Dominoeffekt: Erst kommt der Gedanke, dann kommt die Emotion, diese sehen wir in der Mimik zumindest kurz aufflackern, und danach beeinflusst dieser Gedanke die Körpersprache, die Stimmlage und sogar die Wortwahl.

Wenn Sie also an der Stimme arbeiten möchten, könnten Sie bei den Gedanken anfangen. Wenn Sie Ihre Körpersprache verbessern möchten, dann könnten Sie bei den Gedanken anfangen. Wenn Sie mit der Wortwahl auf Ihr Gegenüber stärker eingehen möchten, dann fangen Sie mit den passenden Gedanken an.

Und genau das tun wir mit dem Modell der Elementaren Kommunikationstypen. Sie denken an ein Element und/oder eine Geste, und schon wirkt es sich auf den restlichen Körper aus. Faszinierend und wahr. Und deswegen brauchen Sie sich beim emphatischen Zuhören nicht unbedingt nach vorn zu lehnen. Es reicht, wenn Sie sich gedanklich darauf konzentrieren, dass Sie Ihr Gegenüber oder dessen Meinung spannend finden. Dieser Gedanke könnte dazu führen, dass Sie sich vorbeugen, ja. Es kann aber auch sein, dass Sie sich entspannt zurücklehnen, die Arme verschränken und trotzdem klar ausstrahlen, dass Sie gerade an den Lippen Ihres Gegenübers kleben.

Um bei diesem Beispiel zu bleiben: Das bedeutet, dass Sie an das Element Luft denken und an die Deuten-Geste. Wenn Sie diese vorher immer mal wieder zu Hause geübt und sich somit klassisch konditioniert haben, dann werden Sie automatisch wie ein emphatischer, interessierter Zuhörer wirken und sich auch so fühlen, selbst wenn Sie das Thema und der Mensch hinter der Geschichte im ersten Schritt nicht interessiert hat.

Damit es später reicht, nur an die Deuten-Geste zu denken, um sofort eine Emotion und damit die passende Mimik, Körpersprache, Stimme und Wortwahl zu erreichen, üben Sie jede Geste bitte so intensiv und groß wie möglich. Später reicht ein Gedanke ohne Bewegung, aber beim Üben dürfen Sie sich ruhig wie der Comic-Hund Pluto fühlen, der ein Wild entdeckt hat: Er lehnt sich nach vorne, der gesamte Körper ist angespannt, alles zieht ihn in Richtung des anderen Tieres, vor allem seine Nase, seine Ohren und sein Blick, der nicht abweicht.

Für Sie bedeutet »Deuten«, dass Sie sich erst einmal fest und solide hinstellen. Überlegen Sie sich, worauf Sie deuten wollen, und geben Sie sich innerlich das Signal »Jetzt!«. Machen Sie dann einen Schritt nach vorne, strecken Sie den Arm aus, und deuten Sie intensiv auf diesen Gegenstand oder diese Person. Wichtig ist dabei, dass Sie erst mit dem Blick anfangen und danach hindeuten.

Ich erlebe es immer mal wieder, dass manche Teilnehmer einen Schritt nach vorn gehen, den Arm ausstrecken und suchend mit dem Blick umherschweifen, bevor sie sich dann entscheiden. Das ergibt keinen Sinn, denn im realen Leben fühlen Sie sich nur von Dingen angezogen, die Sie mit den Augen vorher eingefangen haben. Vielleicht ging der Impuls auch vom Geruch los, der Sie magisch in die Küche zog, oder einem Klang, der Sie faszinierte. Trotzdem folgt daraufhin häufig der Blick, denn er sucht dann in der Küche nach dem duftenden Kuchen und im Wohnzimmer nach dem interessant klingenden Musikstück. Die Augen spielen eine große Rolle, wenn wir Interesse im Außen zeigen möchten.

Sie erspähen also einen Gegenstand oder eine Person, Sie bleiben mit dem Blick haften, machen einen Schritt mit einem Bein nach vorne, deuten mit dem ganzen Arm darauf und spüren, wie der gesamte Körper sich dorthin gezogen fühlt und somit wie ein Flitzebogen angespannt ist. Wichtig ist dabei, dass Sie diese Anspannung von der obersten Haarwurzel bis in den hinteren Fuß spüren. Einfach nur gelangweilt dazustehen und mit dem Kopf mal zum Objekt der Begierde hinzunicken führt nicht zur klassischen Konditionierung. Je größer Sie es üben, desto stärker wird es im Kopf verankert und kann später nur mit dem Gedanken an diese Geste aktiviert werden.

Damit diese Spannung im Körper nicht nachlässt, stellen Sie sich bitte vor, dass es immer spannender wird, wo Sie hinzeigen. Vielleicht zeigen Sie auf eine hohe Brücke und sehen in der Mitte der Brücke eine Menschenansammlung, und dann entdecken Sie drei Menschen, die winken, und danach steigt jemand über das Brückengeländer und springt in die Tiefe, um kurz vorm Boden dann doch mit einem Seil abgefangen zu werden. Wenn alles gutgeht, hört die Spannung dann auf, aber bis dahin wird es spannender und spannender und spannender.

Wenn Sie nur einmal denken, dass es spannend sei, und keine Steigerung folgt, dann wird sich Ihr Körper ganz schnell wieder entspannen. Deswegen sehen Sie bei Actionfilmen im Kino eine atemberaubende Szene nach der anderen: damit Sie so selten wie möglich aus dieser Spannung aussteigen.

Beim Gesangsunterricht habe ich gelernt, wie ich einen Ton über einen Zeitraum von vielleicht einer Minute konstant gleich laut singen kann. Würde ich mich darauf konzentrieren, dass ich ihn gleich laut singe, dann würde der Ton automatisch etwas leiser werden, je länger er andauert. Daher wurde mir beigebracht, dass ich mir ein leichtes Crescendo vorstelle. Crescendo bedeutet, dass etwas lauter wird. Wie ein kleines Baby, das erst leise anfängt zu jammern und dann immer lauter und lauter schreit. Das wäre auch ein Crescendo. Wenn ich mich nun in der Musik darauf konzentriere, den Ton ganz langsam einen Hauch lauter zu singen, dann erreiche ich, dass der Ton in seiner Lautstärke die ganze Zeit konstant bleibt. Warum? Weil wir dazu neigen, nach einer kurzen Zeit an Spannung nachzulassen. Egal, was wir gerade tun. Wenn Sie sich ein leichtes Crescendo vorstellen, wirken Sie dem entgegen und bekommen einen gleich bleibenden Ton. Wenn sich ein Sänger ein starkes Crescendo vorstellt, dann ist dies für seine Zuhörer natürlich auch hörbar, doch ein leichtes Lauterwerden sorgt für eine Konstante.

Machen Sie es genauso, und stellen Sie sich beim Deuten so lange eine Steigerung vor, bis Sie die Geste abbrechen. Halten Sie die Geste etwa zehn Sekunden. Das reicht vollkommen aus. Geben Sie sich ein klares Startsignal und ein klares Stoppsignal, damit Ihr Körper lernt, auf Kommando diese Emotion zu fühlen und wieder abzuschalten.

Ich nutze dafür ein »Jetzt« und »Stopp«, wenn ich es allein übe. Wenn ich die Seminarleiterin bin, klatsche ich in die Hände.

Wofür ist das Deuten gut? Um klar zu zeigen, dass Sie außerhalb Ihres Körpers etwas spannend finden. Das könnte ein Coach nutzen, der seinem Coachee verdeutlicht, dass er ihn spannend findet, auch wenn dies nicht der Fall ist. Das ist ein wichtiger Punkt: Wenn Sie eine Emotion sowieso haben, dann brauchen Sie das Modell der Elementaren Kommunikationstypen nicht zu nutzen. Wenn der Coach den Coachee faszinierend und seine Inhalte spannend findet, dann läuft alles perfekt. Sie nutzen dieses Modell immer dann, wenn die gewünschte Emotion nicht von alleine eintritt.

Es gibt Tage, da stehen wir gutgelaunt auf, und der Tag läuft einfach großartig. Und dann gibt es eben die anderen Tage, an denen scheinbar alles schiefgeht, was nur schieflaufen kann. Das bedeutet nicht, dass Sie Ihrem Coachee nun vorheucheln, dass seine Inhalte interessant sind, um ihn mit einer unhaltbaren These ins offene Messer laufen zu lassen. Sie finden diesen Menschen und seine Meinung generell großartig, doch an dem Tag haben Sie vielleicht schlechte Laune, weil das Finanzamt Sie geärgert hat oder weil Sie Streit mit einem guten Freund hatten. Kreisen Ihre Gedanken um die Steuererklärung und den guten Freund, dann strahlen Sie aus, dass Sie gedanklich nicht bei Ihrem Gegenüber sind. Das ist menschlich, für dieses Gespräch allerdings wenig hilfreich. Dann hilft Ihnen das Deuten, den gedanklichen Ballast zur Seite zu schieben und in die angemessene Emotion zu gehen.

In meiner Familie gilt, dass wir nicht auf eine Feier gehen, wenn wir schlecht drauf sind. Dieses Garcia-Grundgesetz ziehe ich bis heute durch, weil ich es unfair finde, wenn eine Freundin Lust auf Leichtigkeit, Flirten, Smalltalk und Spaß hat und ich ihr mit meiner schlechten Laune vielleicht sogar die Party ruiniere, weil ich genau das Gegenteil empfinde.

Als ich meinen 26. Geburtstag gefeiert habe, kam eine Mitstudentin von mir, nahm sich einen Wein, setzte sich mitten in den Raum und fing an zu heulen. Ihr Freund hatte sie gerade verlassen, und überhaupt würde sie an ihrem ganzen Leben zweifeln.

Ich hatte Mitgefühl. Definitiv. Doch bitte nicht genau an diesem einen Abend, wo ich gerne der Leichtigkeit frönen wollte.

Falls Sie mal in einer ähnlichen Situation stecken wie meine Mitstudentin, dann rate ich Ihnen zur Deuten-Geste. So können Sie Interesse an den anderen zeigen und gönnen dem eigenen inneren Elend mal eine kurze Sendepause. So könnten Sie das Versprechen halten, zur Party zu kommen, ohne diese zu sprengen.

Manche Redner setzen die Geste ein, wenn sie eine Präsentation halten – um klar zu zeigen, dass sie die Zuhörer spannend finden. Natürlich würde sich dieses Gefühl auch von selbst einstellen, wenn sie nur nicht so mit dem Lampenfieber kämpfen würden. Mit der Deuten-Geste bringen sie sich in den richtigen Modus – was in dieser Situation nicht nur angenehmer für alle Beteiligten ist, sondern auch schlicht professionell.

Es geht mir bei dieser und den anderen Gesten nicht darum, dass Sie ein perfekter Lügner werden. Sondern darum, dass Sie eine Emotion herstellen, die Sie auch hätten, wenn alles optimal laufen würde. Die, die gerade wünschenswert wäre. Es geht mir darum, dass Sie Stärken in sich aktivieren, die Sie sowieso schon haben. Sie können in vielen entspannten und vielleicht auch privaten Situationen schon großartig reden und sich mit all ihren Facetten zeigen, doch häufig bekommen wir diese PS in schwierigeren Gesprächen nicht auf die Straße, weil wir uns dieser Stärken nicht bewusst sind.

Es geht mir vor allem um ehrliche, wertschätzende Gespräche. Und mit den Elementaren Kommunikationstypen können Sie dies erreichen, selbst wenn Sie mal einen schlechten Tag haben.

Die Deuten-Geste im Video

Innenraum: Die emotionale Tiefe

Vom Interesse im Außen geht es mit der Innenraum-Geste zu der eigenen Gefühlswelt. Die Innenraum-Geste bedeutet, dass Sie sich komplett in sich zurückziehen. Voller Emotionen. Beim Deuten gab es nur die Emotion »Interesse« – an einem Gegenstand, einer Situation oder einer Person. Bei der Innenraum-Geste stürmen alle möglichen und unmöglichen Emotionen auf Sie ein. Ein großes Zuviel von allem.

Es geht um die Situationen, wo Sie sprachlos sind vor Wut oder auch sprachlos vor Glück. Sie spüren dann so viel, dass Sie gar nicht mehr in der Lage sind, ein vernünftiges Wort herauszubringen. Sie hängen im eigenen Körper fest und werden von den Gefühlen überrollt. Das bedeutet nicht, dass Sie das Außen ignorieren, ganz im Gegenteil: Sie spüren alles, was um Sie herum passiert, und sind damit überfordert.

Klingt erst einmal nicht hilfreich, sondern verwirrend, oder? Keine Sorge: Ich beschreibe hier ein starkes Bild der Innenraum-Geste in seiner ursprünglichen Form, die Sie für die klassische Konditionierung brauchen. Wie versprochen sorgt die Geste später dafür, dass Sie die Emotion empfinden, ohne sich ohnmächtig zu fühlen. Erst wenn wir die Gesten durch die Elemente brechen, ergeben sie Sinn, was die Verbesserung Ihrer Kommunikation betrifft. Solange wir die Gesten noch im Einzelnen in ihrer ursprünglichen Form üben, lassen Sie sich darauf ein, sie einfach nur zu machen, ohne die ganze Technik zu hinterfragen.

Ich habe so viele Führungskräfte von großen, internationalen Unternehmen vor Augen, die mir am Anfang noch einen Vogel gezeigt und die Augen verdreht haben, weil sie die Gesten in dieser Phase nicht greifen konnten. Heute sind sie die größten Anhänger der Technik, die ohne ihre vier Superhelden in kein schwieriges Gespräch mehr gehen.

Wie läuft die Innenraum-Geste ab?

Sie kommen vom Deuten, stehen noch mit einem Schritt nach vorne da und haben den Arm ausgestreckt. Wenn Sie sich nun das Signal geben, in die Innenraum-Geste zu wechseln, dann lassen Sie bitte sofort jegliche Spannung los. Der Arm wird schlaff und sinkt zu Boden. Sie machen einen Schritt wieder zurück, um zirka hüftbreit dazustehen. Sie spüren, wie jegliche Kraft aus Ihrem Körper weicht. Stattdessen haben Sie das Gefühl, dass alle Emotionen um Sie herum in Sie hineinfließen.

Eine Mitarbeiterin am anderen Ende des Flurs ist traurig, dann spüren Sie die Traurigkeit genauso intensiv wie diese Dame. Direkt nebenan lachen sich zwei Kollegen schlapp? Dann saugen Sie auch diese Fröhlichkeit in sich auf. Wie ein Staubsauger nehmen Sie alle Emotionen auf. Von ihrem gesamten Umfeld. Das ganze Elend der Welt landet bei Ihnen. Aber auch jeder einzelne Lacher und das Glück und die Freude.

Sie kennen das Gefühl der Innenraum-Geste, wenn Sie mal zu früh nach Hause gekommen sind. Von draußen durchs Fenster sehen Sie, dass Ihre Frau und die Kinder etwas für Ihren Geburtstag vorbereitet haben. Eifrig wuseln die Kinder noch über den Teppich und dekorieren mit Konfetti. Ihre Frau rückt ein paar Kerzen zurecht. Wenn Sie dies sehen, rutscht Ihnen wahrscheinlich das Herz in den Bauch. Jegliche negative Anspannung weicht, der Arm mit der Aktentasche sinkt hinunter, und Sie spüren tiefe Liebe und Freude.

Wenn Ihnen jemand einen Heiratsantrag macht, dann ist es häufig ähnlich. Sie stehen da, und alle warten darauf, dass Sie ein »Ja, ich will dich heiraten!« herausbringen, aber kein Wort kommt über Ihre Lippen. Sie fühlen sich großartig, aber auch kraftlos. Sie spüren die volle Wucht der positiven Emotionen.

Ähnlich empfinden Sie es vielleicht bei Netzwerkveranstaltungen, wenn Sie sich ab einem gewissen Punkt überfordert fühlen und sich zurückziehen möchten. Nun ist dies als Kundenberater kaum möglich, aber Sie können sich zumindest in eine Ecke zurückziehen und mal kurz Ihre Sensoren ausschalten. Sie ziehen sich in Ihre eigene Seifenblase zurück, spüren noch alles im Raum, doch nehmen nicht mehr aktiv teil.

Und dann gibt es die Menschen, die uns bis aufs Blut reizen und regelmäßig dafür sorgen, dass uns die Kinnlade herunterfällt. Auch in diesen Momenten sind Sie sprachlos. Sie fühlen alles, ziehen sich innerlich zurück und würden gerne erst einmal alles sortieren, bevor Sie wieder etwas sagen.

Auch das gehört zur Innenraum-Geste: dass Sie sofort den Blick senken und nichts mehr wirklich anschauen. Sie richten den Blick vielmehr nach innen. Selbst wenn Sie jemanden ansehen, so schauen Sie nicht wirklich. Kennen Sie diese »toten« Blicke, wo jemand Sie in Gedanken anschaut und Sie schon am Blick erkennen, dass er Sie nicht wirklich ansieht? Genau diesen Blick brauchen Sie für diese Geste. Sie bleiben bei sich. Sie schauen nicht aktiv nach draußen in die Welt, sondern haben nur die Augen offen, aber der Blick richtet sich eher nach innen.

Und auch hier ist es wichtig, dass Sie eine Steigerung spüren, während Sie die Geste halten. Auch hier gilt das Crescendo. Mit jeder Sekunde stürmen mehr Emotionen auf Sie ein und erobern Ihren Körper. Diese Emotionen spüren Sie bitte am ganzen Körper. Manche entspannen beim Üben nur im Oberkörper, doch das reicht nicht. Hier geht es darum, dass Sie spüren, wie die Emotionen langsam den Körper hinunterfließen und Ihnen alles zu viel wird. Positiv wie negativ. Sie spüren, wie alles schwer wird. Die Schultern möchten am liebsten herunterhängen, die Arme fallen schlapp zur Seite, und wenn die Muskeln Sie nicht aufrecht halten würden, dann würden auch die Knie nachgeben. Schauen Sie sich am besten das Video zu dieser Geste an, in dem ich es Ihnen vormache.

Vor einigen Jahren kam eine Dame zu mir und meinte, dass sie die Geste genutzt habe, um bei einer Präsentation bei sich zu bleiben. Sie merkte, dass sie sich viel zu sehr auf die Zuhörer konzentrierte und sie dadurch abgelenkt war. Mit der Innenraum-Geste zog sie sich in ihre eigene Seifenblase zurück, in ihre eigene kleine Welt, und konnte sich dadurch auf ihre Inhalte konzentrieren, ohne an Präsenz zu verlieren.

Meistens wird die Innenraum-Geste allerdings dafür genutzt, um emotionale Gespräche zu führen. Ich kenne eine Führungskraft, die als spaßiger Luft-Mann innige, emotionale Situationen mied. Er ist eine tolle Führungspersönlichkeit, auch weil er mit Humor und Leichtigkeit jedem Konflikt aus dem Weg zu gehen vermochte. Doch bei den jährlichen Mitarbeitergesprächen wurde es unweigerlich emotional. Sobald diese Phase im Gespräch begann, wich er dem Blick seines Gegenübers aus, weil er am liebsten schon wieder einen Schenkelklopfer rausgehauen hätte, um die tiefe Emotion in Leichtigkeit zu verwandeln. Doch das wäre natürlich nicht passend. Heute hilft es ihm ungemein, dass er einfach in die Innenraum-Geste geht. Wenn er sich selbst emotional fühlt, dann kann er dies auch bei seinem Gegenüber gut aushalten. Und wenn er emotional wirkt, dann öffnet sich sein Gegenüber noch mehr.

Setzen Sie die Innenraum-Geste überall dort ein, wo Sie emotional wirken möchten, ohne dass Sie es fühlen. Ein Therapeut mag nicht jeden Patienten, aber alle erwarten dieselbe emphatische, weiche Zuhörhaltung. Bei vielen bekommt der Therapeut es von alleine hin, weil er die Menschen mag und sich dann das Gefühl von selbst einstellt. Und bei manchen geht er eben in die Innenraum-Geste. Vielen Führungskräften ergeht es ähnlich, wenn sie Feedbackgespräche führen. Bei einigen Mitarbeitern läuft es wie am Schnürchen, und dann kommen die Menschen, die ganz anders gestrickt sind als man selbst. Und da kann es helfen, mit der Innenraum-Geste wertschätzend zu wirken.

Einmal habe ich spontan eine Autorin vertreten, die in einer Buchhandlung ihr Werk vorstellen sollte. Ich kannte den Text nicht, sollte bei der Präsentation aber trotzdem begeistert, also emotional wirken. Und das wollte ich auch, schließlich schätzte ich die Autorin. Geschafft habe ich das, indem ich mich vors Publikum stellte, den mir fremden Text aufschlug und beim Vorlesen in die Innenraum-Geste ging.

Das Praktische bei der Innenraum-Geste ist, dass der Schwall von Emotionen mit einer unglaublichen Tiefe aus jeder Pore zu spüren ist, ohne dass eine Entscheidung gefällt wird, welche Emotion nun passend wäre. Dadurch berühren Sie andere Menschen, ohne eine klare Vorgabe, was die fühlen sollen. Ich wusste bei dem Buch nicht wirklich, wann eine lustige Stelle kommen würde oder eine traurige. Also klang ich einfach nur gefühlvoll, ohne ein Augenzwinkern beim Humor oder einen dramatischen Seufzer an der traurigen Stelle. Und es funktionierte.

Da jeder Mensch ein geborener Meister im Interpretieren ist, wird Ihr Gegenüber sehen, dass Sie ganz viel fühlen. Er wird es jedoch nicht greifen können. Deshalb wird er seine eigene Interpretation ausleben und mitfühlen. Wenn ich etwas singe, dann weiß ich nie, was meine Zuhörer daraus machen. Singe ich eine gefühlvolle Ballade, dann ist die eine Zuhörerin traurig, weil sie gerade eine Trennung hinter sich hat, die andere spürt noch intensiver die Liebe zu ihrem neuen Freund, und ein Mann trauert um seinen besten Kumpel, der gerade schwer erkrankt ist.

Kommunikation funktioniert meistens so, dass wir etwas aussenden und der Empfänger daraus seine eigene Variante der Botschaft macht. Daher reicht es, mit der Innenraum-Geste eine emotionale Leinwand auszurollen, und Ihr Gesprächspartner wird sie mit eigenen Erlebnissen und eigenen Erfahrungen bemalen.

Die Innenraum-Geste im Video

Zweifel: Die Unentschlossenheit

Der Zweifel ist in seiner ursprünglichen Form eher Panik. Die hübsche Begleiterin von Indiana Jones, die durch eine dunkle Höhle geht, fühlt diese Panik. Ich habe da besonders die Schauspielerin Kate Capshaw in dem Film »Indianer Jones und der Tempel des Todes« vor Augen. In diesem Film ist die Schauspielerin ständig am Schreien, vor allem, wenn sie durch dunkle Gänge gehen soll. Denn sie weiß ja nicht, ob gleich von oben ein ekliges Krabbeltier auf sie herabfällt oder von unten Schlangen beißen oder sie an den feucht-nassen Wänden rechts und links irgendwann auf eine Vogelspinne tastet oder ... Sie dreht und wendet sich und hat keine

Ahnung, wo der Ekel lauert. Von oben, von unten, von rechts oder links.

Nun sind wir selten in so einer extremen Situation. Doch Sie erinnern sich bestimmt noch, als Ihre Eltern Sie als Jugendlichen das erste Mal länger allein zu Hause ließen, mit der klaren Vorgabe, keinen Blödsinn zu machen. Natürlich haben Sie das Verbot überhört, hatten Freunde zu Besuch, haben Pizza bestellt, das Wohnzimmer umgebaut, um besser Horrorfilme schauen zu können, und was immer Ihnen sonst noch so in den Sinn kam. Und dann lagen Sie am Sonntagmittag entspannt in diesem heillosen Durcheinander, weil die Eltern erst um 20 Uhr zurückkommen wollten. Doch dann klingelte das Telefon, und Ihre Mutter verkündete Ihnen fröhlich, dass sie nun doch schon in einer Stunde wieder da sein würden. In dem Moment spüren Sie auch Panik. Sie springen auf, sehen sich um und haben keinen blassen Schimmer, wo Sie mit Aufräumen anfangen sollen.

Wenn ein Kandidat bei einer TV-Show vom Moderator aufgefordert werden würde, sich innerhalb von zehn Sekunden für eine Box aus 30 zu entscheiden, und nur in einer ist die Million, dann wird er auch eine große Unsicherheit spüren. Welche Box soll er nehmen? Die rechte? Die obere? Die linke? Die ganz unten? Die Chance des Lebens, 10 Sekunden … Verdammt!

Das ist Zweifel. Im Grunde genommen eine Emotion, die gerne vermieden wird. Niemand möchte vor den Augen des Kunden zweifeln, niemand möchte seinen Kollegen deutlich zeigen, dass er keine Ahnung hat, welcher nächste Schritt in dieser Krise der sinnvollste wäre. Kaum einer möchte zweifeln. Und Panik spürt niemand gerne. Sie möchten sich stark fühlen und stets die Lösung im Chaos erkennen. Genau deswegen gehen so viele zu Rhetorikschulungen: um Techniken zu erlernen, die selbst in schwierigen Situationen dabei helfen, Souveränität auszustrahlen. Das ist die Motivation Nummer eins, um an den eigenen rhetorischen Fähigkeiten zu arbeiten. Panik? Zweifel? Das wird dankend abgelehnt.

Es sei denn, Sie möchten mit Absicht die Karte der Hilflosigkeit ausspielen. So wie ich vor ungefähr drei Jahren, als ich mit einem Mietauto durch das Ruhrgebiet fuhr. Ich hatte ein schönes, elegantes langes Abendkleid an und war schon fertig angezogen für einen Vortrag auf einer Kundenveranstaltung. Leider wurde mir dann angezeigt, dass der Ölstand überprüft werden sollte.

Ich hielt an der nächsten Tankstelle und mir war klar, dass ich mir allein beim Aufmachen der Motorhaube die Hände schmutzig machen würde. Das wäre sicherlich gegangen, doch in diesem Fall zog ich es vor, mir Hilfe zu suchen. Ich spürte intensiv die Zweifel-Geste und strahlte dadurch mit jeder Faser Hilflosigkeit aus. Gott sei Dank kam ein netter Herr vorbei, der meine Vorlage annahm und sich als Held präsentierte, indem er nicht nur den Ölstand prüfte, sondern auch noch neues Öl einfüllte.

Wenn ich wirklich keine Ahnung davon gehabt hätte, wie man eine Motorhaube aufbekommt, wo sich der Öltank befindet und wo man den Ölstand prüft, dann hätte ich die Zweifel-Geste nicht gebraucht, weil ich von ganz allein echte Unsicherheit ausgestrahlt hätte. Doch da ich genau wusste, wie es geht, nur in diesem Moment keine Lust darauf hatte einen Fleck auf meinem Kleid zu riskieren, half mir die Zweifel-Geste ungemein.

Blöd wäre nur gewesen, wenn ich an einen Feuer-Mann geraten wäre, denn der hätte mir nur gezeigt, wie es geht, aber hätte mir die Arbeit nicht abgenommen. Feuer findet es klasse, wenn er mehr weiß als andere, aber auf schmutzige Finger hat auch er wenig Lust. Bei allen anderen Elementen funktioniert es aber wunderbar.

Wenn Sie also mal in den Tiefstatus gehen wollen, damit

der Göttergatte den Computer repariert oder das Fahrrad, dann ist diese Geste optimal.

Und auch beruflich gibt es ein paar Momente, wo Sie diese Geste gut einsetzen können. Zum Beispiel bei Verhandlungen, wenn Sie genau wissen, dass der Verkäufer Ihnen schon über alle Maßen entgegengekommen ist. Falls Sie ihn trotzdem noch weiter herunterhandeln wollen oder müssen, dann lehnen Sie sich zurück, sagen Sie nichts, und spüren Sie intensiv die Zweifel-Geste. Falls der Verkäufer diesen Auftrag dringend braucht, wird er Ihnen wahrscheinlich noch weiter entgegenkommen. Im Training sagte mir mal ein Teilnehmer, dass er die Zweifel-Geste gerne dann einsetze, wenn er die Meinung eines Kollegen anzweifelt. Doch in diesem speziellen Fall braucht er die Geste nicht. Jedes Mal, wenn Sie eh schon zweifeln, dann brauchen Sie keine Hilfsmittel. Die brauchen Sie nur dann, wenn Sie eine Emotion aktivieren möchten, die Sie in dem Moment gerne hätten, aber nicht von alleine empfinden.

Üben Sie die Zweifel-Geste, die auf den ersten Blick eher an Panik erinnert, in der festgelegten Gesten-Abfolge. Sie fangen am besten von vorne an und deuten erst einmal, dann gehen Sie in die Innenraum-Geste, und danach zweifeln Sie.

Stehen Sie, als ob Sie barfuß heiße Fliesen berühren. Am liebsten würden Sie wegspringen, aber Sie wissen nicht, wohin. Gleichzeitig schauen Sie nach oben, nach rechts, nach links, nach hinten, nach vorne, nach unten, nach rechts, nach oben und so weiter und so fort. Wenn Sie dies nur ein paar Sekunden machen, dann werden Sie sich automatisch innerlich unruhig fühlen, und genau damit erreichen Sie emotional den Zweifel.

Bei der Deuten- und Innenraum-Geste können Sie sich Zeit lassen, um die Emotion zu fühlen. Zweifel würde ich allerdings nie zu lange üben, sonst können Sie die Nervosität nicht mehr so schnell abschütteln.

Übrigens: Falls Sie mit dieser Geste arge Probleme haben, dann sind Sie wahrscheinlich hauptsächlich ein Erde-Typ. Sobald wir die Gesten in Erde durchgehen, werden Sie verstehen, was ich meine.

Die Zweifel-Geste im Video

Antipathie: Die entschlossene Abgrenzung

Hier kommt eine Geste, die Sie jeden Tag brauchen: die Antipathie. Das klingt erst einmal böse, doch bei der Antipathie geht es nicht darum, dass Sie ständig Wutausbrüche haben oder schmollen oder über andere lästern, sondern vielmehr um ein entschlossenes Nein. Wenn Sie sich dieser Geste bedienen, dann ist vor Ihnen eine Welt, die Sie ablehnen. Und zwar ganz entschieden. Diese »Welt« kann ein Projekt sein, eine Person, eine Meinung oder auch nur eine einzige Zahl in Gehaltsverhandlungen. Und genau dazu sagen Sie innerlich entschlossen Nein, um diese Klarheit auch für alle sichtbar auszustrahlen.

Diese Geste ist für alle Wasser-Typen besonders wichtig, denn die haben so ihre Schwierigkeiten damit, Grenzen zu setzen. Falls Sie mit dem Wort Antipathie negative Assoziationen haben, dann nennen Sie es Entschlossenheit. Denn es geht darum, dass Ihr ganzer Körper stimmig ausstrahlt, dass Sie entschlossen gegen diese Zahl, diese Meinung, diese Person oder dieses Projekt sind. In ihrer ursprünglichen Form, die Sie einüben, ist die Antipathie-Geste überhaupt nicht aggressiv. Es geht nur um Abgrenzung und ein klares Nein.

Spielen Sie die festgelegte Abfolge der Gesten am besten immer wieder von Anfang an durch, und fangen Sie beim Deuten an. Sie sehen etwas, treten einen Schritt nach vorne und deuten darauf. Denken Sie daran, dass es immer spannender wird und Ihr Deuten somit immer intensiver. Danach geben Sie sich innerlich ein Signal und wechseln von einer Sekunde auf die nächste in die Innenraum-Geste, indem Sie den Blick sofort nach innen richten, den Arm sinken lassen, einen Schritt zurückgehen, jegliche Energie aus Ihrem Körper weichen und dafür über alle Poren Emotionen in sich hinein fließen lassen. So lange, bis Sie das Gefühl haben, Sie platzen vor lauter angestauten Gefühlen. Danach kommt die Zweifel-Geste, und dadurch verlieren Sie den sicheren Stand. Sie schauen wieder aktiv nach draußen, aber der Blick hetzt hin und her, und Sie fühlen sich, als ob Sie wüssten, dass eine Gefahr lauert, Sie aber keinen blassen Schimmer haben, von wo sie droht. Und dann kommt Antipathie.

Sie schauen sich um, entdecken etwas, das Sie ablehnen, machen mit beiden Füßen einen Schritt zurück und strecken die Arme nach vorne, als ob Sie etwas wegschieben möchten. Dort ist eine Welt, die Sie nicht mögen und aus der Sie heraustreten.

Bei einem Training meinte eine ältere Dame zu mir, dass sie aber gar nicht böse sein wolle. Sie würde alles mit einem Lächeln klären. Es freute mich sehr, dass dies bisher so gut geklappt und die Dame ihren Weg für sich gefunden hatte. In meiner Realität lässt sich allerdings nicht jeder Konflikt mit einem Lächeln schlichten. Vor allem, wenn Sie einem Kollegen sagen möchten, dass er Ihnen nicht mehr seine Arbeit aufdrücken soll. Oder wenn Sie bei Verhandlungen ein Angebot nicht akzeptieren. Oder wenn Sie im Privaten einer Freundin klarmachen möchten, dass Sie heute keine Lust auf Kino haben. Wenn Sie dabei noch lächeln, dann werden Sie häufig nicht ernst genommen, und Ihr Nein wird nicht akzeptiert. Deshalb gilt es, Entschlossenheit auszustrahlen, ohne böse zu werden.

Um ein klares Bild zu schaffen, wo ein Lächeln bei der Abgrenzung einfach nicht reicht: Stellen Sie sich vor, Sie stehen im Park. Auf einmal kommt ein kleines Kind auf Sie zugelaufen, und dahinter ist eine Gruppe prolliger Jugendlicher, die sich einen Spaß daraus machen, den aggressiven Kampfhund immer wieder ganz nah an das Kind heranzulassen. Das Kind versteckt sich hinter Ihren Beinen. Denken Sie nun an die Antipathie. Denken Sie daran, sich abzugrenzen. Stellen Sie sich vor, dass Sie sich gegen eine Wand lehnen, die Ihnen Rückhalt gibt. Spüren Sie Ihren sicheren Stand und natürlich Ihre Beine, weil sich dahinter das kleine Kind versteckt. Der ganze Körper soll Nein ausstrahlen und Entschlossenheit. Sobald Sie auch nur einen Hauch wanken, wittern die Jugendlichen Schwäche und machen den Kampfhund erst recht los. Wenn Sie selbst wütend werden und zornig wirken, dann reizt dies die Gruppe umso mehr, und Sie haben dasselbe Problem wie das kleine Kind. Eine Garantie gibt es leider nicht, aber meistens haben Sie in prekären Situationen die besten Chancen mit einer klaren, entschlossenen, entspannten Abgrenzung.

Achten Sie deswegen darauf, dass Sie beim Zurückgehen innerhalb der Geste weder die Stirn runzeln noch Ihre Zornesfalten ins Spiel bringen und auch nicht die Augen zusammenkneifen. Sie zeigen eine Grenze auf, doch Sie brauchen dafür nicht zur Furie zu werden.

Wenn ich im Fitnesscenter mit einem Personal Trainer übe, dann spanne ich gerne sämtliche Muskeln im Gesicht an, um deutlich zu zeigen, wie sehr ich mich gerade anstrenge. Dann schaut mich mein Trainer stets müde an und meint: »Isabel, du brauchst nur die Muskeln in deinen Armen anzuspannen, nicht in deinem Gesicht. Grimassen helfen dir nicht dabei, das Gewicht zu stemmen.«

Recht hat er. Und genau dasselbe gilt für die Antipathie-Geste. Bleiben Sie ganz entspannt. Stellen Sie sich vor, dass Sie sich beim Zurückgehen in ein Gestell aus Stahl lehnen. Der gesamte Körper berührt von Kopf bis Fuß den glatten Stahl, und Sie spüren einen soliden Stand, damit Ihnen niemand die Füße weghauen kann. Sie stehen sicher. Und Sie zeigen entspannt, aber entschlossen, dass Sie die »Welt«, die Zahl, die Meinung, die Person, das Projekt nicht wollen. Schauen Sie sich dazu mein Videobeispiel an, damit Sie sehen, wie die Entschlossenheit in der Mimik und im Blick aussieht.

Wobei es natürlich wichtig ist, dass Sie es so machen, wie es sich für Sie richtig anfühlt. Sie sollen mit der Geste weder mich noch jemand anderen kopieren, sondern selbst spüren, wie sich entspannte, entschlossene Abgrenzung anfühlt.

Wenn Sie diese Geste immer wieder groß üben, dann reicht es, wenn Sie später in einer Verhandlung nur an Antipathie denken, und schon wird Ihr Körper genau dies ausstrahlen. Und zwar nicht im gesamten Gespräch, sondern nur bei der einen Zahl, bei der Sie noch Verhandlungsbedarf sehen. Davor und danach können Sie wieder aus der Geste herausgehen.

Das ist bei allen Gesten ein wichtiger Teil der Übung: das bewusste Verlassen dieser Geste. Spielen Sie die Gesten-Abfolge mit Deuten, Innenraum, Zweifel und Antipathie durch, und geben Sie sich danach ein klares Signal, wann Sie mit der letzten Geste aufhören. Schütteln Sie sie einfach ab. Machen Sie ein paar Schritte nach vorn oder zurück, raus aus der Situation und dem Gefühl. Später möchten Sie gerne Stärken sowohl aktivieren als auch deaktivieren können. Dafür üben Sie bitte immer wieder das Ende und das Verlassen der jeweiligen Stimmung.

Die Antipathie-Geste im Video

Sympathie: Die Selbstliebe

Sie wissen natürlich, was diese Geste bedeutet, da Sie diese jeden Tag bedienen: bei Freunden, bei der Familie, bei freundlichen Menschen auf der Straße und bei Kunden. Wobei ich leider häufig das Gefühl habe, dass viele sich zu sehr auf andere konzentrieren und das Glück im Außen suchen. Sie meinen zum Beispiel, dass ein Partner sie glücklich machen kann, oder ein Job oder ein neues Land oder ein neues Haus, neue Kleidung, ein neues Hobby, ein neuer Verein, was auch immer.

Aus diesem Grund haben bei der Sympathie-Geste viele sofort die Assoziation, dass sie jemanden oder eine Situation sympathisch finden müssen. Deshalb habe ich der Überschrift das Wort Selbstliebe hinzugefügt. Bei der Sympathie, die hier gemeint ist, geht es hauptsächlich darum, dass Sie sich in Ihrer eigenen Haut wohl fühlen. So großartig, als wären Sie frisch verliebt. Die Sympathie ist bei dieser Geste nicht von anderen abhängig.

Was sie stattdessen bedeutet: Im Außen ist eine Welt, die Sie mögen und in die Sie hineingehen. In dieser Welt innerhalb der Geste spielen Sie die Hauptrolle, nicht eine andere Person. Denn diese Welt, die Sie mögen und lieben, ist Ihre Welt. Sie haben bei der Antipathie einen Schritt zurück gemacht, bei der Sympathie gehen Sie wieder einen oder zwei Schritte nach vorn. Sie treten bewusst in eine Welt, die Sie großartig finden und in der Sie sich absolut wohl fühlen. In dieser Welt ist alles genauso, wie Sie es sich wünschen. Sie können zum Beispiel essen, was Sie wollen, und nehmen dabei noch ab. Oder Sie arbeiten nur noch ein Viertel und verdienen das Dreifache. In Ihrer Welt werden Sie von allen anderen Menschen geliebt und beneidet, und Sie können entscheiden, mit wem Sie Ihre Zeit verbringen wollen.

Üben Sie diese Geste ausnahmsweise erst einmal gesondert, bevor Sie die Sympathie-Geste in die feste Abfolge mit allen anderen Gesten einfügen. Stellen Sie sich vor, Sie haben vor sich eine unsichtbare Linie. Vor dieser Linie fühlen Sie sich noch ganz normal, aber sobald Sie darübertreten, beginnt Ihre Traumwelt. Geben Sie sich wieder ein klares Signal und machen Sie ein oder zwei Schritte nach vorn, über diese unsichtbare Grenze hinaus. Sie können dabei auch gerne die Arme öffnen, als ob Sie jemanden willkommen heißen. Sie gehen also nach vorn, öffnen die Arme und riechen all das, was Sie gerne riechen. Sie hören genau das, was Sie gerne hören. Sie fühlen das, was Sie gerne fühlen. Sie können dabei die Augen schließen oder sie auch gleich geöffnet lassen, denn im Ernstfall werden Sie später ja auch ihr Gegenüber anschauen und nicht auf einmal die Augen schließen, nur weil Sie sich auf eine Geste konzentrieren.

Wenn Sie vielleicht eine halbe Minute in dieser Traumwelt gestanden haben, dann gehen Sie wieder einen Schritt zurück über die unsichtbare Linie, ins normale Leben. Gehen Sie raus aus dem Gefühl, schütteln Sie es ab. Und dann gehen Sie wieder einen Schritt nach vorne, breiten die Arme aus und betreten die für Sie perfekte Welt. Spüren Sie den Boden unter den Füßen, den Sie lieben. Vielleicht ist es Sand am Meer oder Moos oder frisch gemähtes Gras. Ihren Wünschen sind keine Grenzen gesetzt. Und fühlen Sie auf der Haut vielleicht die Hitze des Sommers und eine kühlende Brise, oder vielleicht erfrischenden Frühlingsregen oder die Wärme eines Kaminfeuers. Um sich herum haben Sie nur Menschen, die Ihnen guttun, und nur Musik, die Sie gerne hören, und nur Gegenstände, die Sie gerne um sich haben. Wenn Sie das genau fühlen, dann treten Sie wieder nach hinten raus aus dieser Welt und aus dem Gefühl.

Wichtig ist dabei, dass Sie nicht in die Hochatmung gehen. Wenn wir die sechs Gesten später im Ganzen durchspielen, dann steht die Sympathie-Geste zwar für die Einatmung. Doch ich möchte nicht, dass Sie Ihre Welt betreten wie ein alberner, frisch verliebter Gockel mit Dauergrinsen und aufgeplusterter Brust. Ich möchte, dass Sie loslassen, weil Sie genau wissen, dass Sie in dieser Welt immer geliebt werden, selbst mit fettigen Haaren, ein paar Kilo zu viel und weißen Socken in den Sandalen. Es ist Ihre Welt, und dort dürfen Sie genau so sein, wie Sie sind. Wenn Sie also das nächste Mal einen Schritt nach vorne machen in Ihre Welt, dann atmen Sie gerne ein, aber lassen Sie gleichzeitig los, entspannen Sie, und machen Sie sich bewusst, dass Sie der Mittelpunkt in einer großartigen Welt sind. Sie können dabei lächeln, Sie müssen es aber nicht. Wenn Sie sich toll fühlen, dann ist das Lächeln in Ihren Augen und somit für jeden sicht- und spürbar, da braucht es keinen Verstärker. Ein Lächeln schadet selten, ist aber kein Muss in der Sympathie-Geste.

Ab sofort können Sie sich also jederzeit großartig fühlen, egal, wer vor Ihnen steht, und egal, wo Sie sich aufhalten. Machen Sie in Gedanken einen Schritt nach vorn in die Sympathie-Geste, und das positive Gefühl stellt sich automatisch ein. Durch das Lächeln in den Augen wird Ihr Gegenüber denken, dass Sie wegen ihm lächeln, doch Sie verziehen die Mundwinkel vielmehr obwohl, nicht weil er vor Ihnen steht. Ein aufgesetztes Lächeln wird schnell durchschaut, doch dieses innere Lächeln, das in den Augen landet, überzeugt die meisten.

Spielen Sie die bisherigen Gesten bis hier noch einmal durch, am besten, nachdem Sie sich das Video angeschaut haben. Sie starten damit, dass Sie etwas entdecken, einen Schritt nach vorne gehen und auf diesen Gegenstand deuten. Sobald Sie sich das Signal für die Innenraum-Geste geben, richtet sich Ihr Blick nach innen, der Arm fällt langsam runter, Sie treten wieder zurück und spüren alle nur erdenklichen Gefühle. Spüren Sie die Übermacht an Gefühlen bis in die Füße. Danach kommt der Zweifel, der Stand wird unruhig, der Blick irrt umher, und Ihr Körper windet sich, weil er nicht weiß, was er tun und wohin er gehen soll. Bei Antipathie treten Sie einen Schritt zurück, stellen sich solide hin und heben die Hände, um sich von etwas abzugrenzen, das Sie nicht mögen und nicht haben wollen. Spüren Sie die Entschlossenheit im Blick, im entspannten Gesicht und bis zu den Füßen. Bei Sympathie gehen Sie wieder einen Schritt nach vorne in die Welt hinein, die Sie großartig finden. Sie entspannen den Bauch, Sie lassen komplett los und fühlen sich einfach nur wohl in Ihrer Lieblings-Umgebung.

Die Sympathie-Geste im Video

Neutral: Die Sachlichkeit

Sachlichkeit gibt es nicht. Objektivität auch nicht. Zumindest nicht in der Kommunikation, denn jeder von uns ist ein Subjekt mit eigenen Gedanken, eigenen Macken, eigenen Erfahrungen und unterschiedlichen aktuellen Interessen. Wie können wir da sachlich reden? Dies wird bei Konflikten gern mal gefordert, doch es ist ein frommer Wunsch, der nicht erfüllt werden kann. Objektivität ginge nur, wenn ein Stuhl reden könnte. Der wäre objektiv, denn er ist ein Ding, doch wir Menschen sind es nicht. Mit der neutralen Geste kommen Sie der Sachlichkeit und Objektivität allerdings so nahe, wie es eben geht. Zumindest fühlen Sie sich dann recht sachlich, und deshalb werden Sie auch sachlich klingen und wirken.

In der Neutral-Geste bleiben jegliche Gefühle aus. Sie ist emotionslos, soweit das eben möglich ist. Manchmal fragen mich Teilnehmer, wo der Unterschied zwischen der Innenraum- und der Neutral-Geste liegt. Die Antwort ist leicht, denn bei der Innenraum-Geste sind Sie voller Emotionen, und bei der Neutral-Geste fühlen Sie nichts. Somit ist sie das komplette Gegenteil zur Innenraum-Geste.

Bei der Neutral-Geste treten Sie heraus aus der Welt – egal, aus welcher Sie gerade kommen – und somit, wie auch bei der Antipathie-Geste, einen Schritt zurück. Sie lassen die Arme sinken und atmen alle restlichen Emotionen aus. Sie schauen sich die Welt an, aber fühlen nichts dabei. Sie schauen sich um, nehmen alles wahr, doch sind innerlich nicht beteiligt.

Wenn Sie nach einem langen Arbeitstag nach Hause kommen, abends noch todmüde allein vorm Fernseher abhängen und zur Ablenkung durch die Fernsehkanäle zappen, dann sind Sie häufig in der neutralen Geste. Sie klicken von einem Kanal zum nächsten und fühlen: nichts. Sie sehen ein paar Sekunden einen Horrorfilm, klicken weiter zu einer Komödie, weiter zu den Nachrichten, weiter zu einem anderen Horrorfilm, dann zu einer alten Tatort-Folge, und überall bleiben zwar Ihre Augen kurz hängen, aber die Gefühle bleiben außen vor. Bis Sie irgendwann, wenn Sie sich von genügend Beliebigkeit haben berieseln lassen, den Fernseher komplett ausschalten, um ins Bett zu gehen.

In dem Roman-Bestseller *Das Rosie-Projekt* von Graeme Simsion wird ein Mann mit Asperger-Syndrom beschrieben. Ein Aspekt dieser Krankheit besteht darin, dass die Betroffenen wenig fühlen – so auch dieser Protagonist. Doch er möchte sich trotzdem verlieben. Es wäre zu einfach, das Asperger-Syndrom nur mit dem völligen Fehlen von Gefühlen zu beschreiben. Doch wenn Figuren mit diesem Syndrom in einem Film oder Roman auftauchen, dann entstehen die lustigen Situationen häufig dadurch, dass sie die Welt vergleichsweise neutral betrachten, wo andere sich in Gefühlen ergehen. Der berühmte Fernseh-Detektiv Monk ist dafür ein Parade-Beispiel. Frieder Nögge hätte so eine Figur sicherlich auch mit der Neutral-Geste gespielt.

Was bringt die Neutral-Geste in der Alltagskommunikation? Viel. Denn Sie können sich damit am eigenen Schopf aus dem Gefühlschaos ziehen. Oder Sie gönnen sich zumindest mal eine kleine Auszeit.

Wenn ich früher Seminare gegeben habe, dann war ich häufig fast rund um die Uhr mit den Teilnehmern zusammen. Morgens traf ich sie schon beim Frühstück im Hotel, danach folgte das Seminar, bei dem wir auch jede Pause zusammen verbrachten, und abends gab es noch ein gemeinsames Essen mit anschließendem Drink an der Bar, nur um nach kurzer

Nachtruhe frühmorgens wieder alle am Frühstücksbuffet zu treffen. Wenn ich so lange und konsequent mit Menschen zusammen bin und mich bei den Persönlichkeitstrainings gefühlsmäßig voll auf sie einlasse, dann brauche ich kleine Auszeiten. Und die schaffe ich mir, indem ich ab und an in die Neutral-Geste gehe. Ein paar Minuten reichen häufig schon. Ich nutze dafür gerne die Zeit, wenn die Teilnehmer in kleinen Gruppen eine Übungseinheit einlegen und ich nicht im Fokus stehe.

Wenn Sie sich bei einer Problematik einen möglichst sachlichen Überblick verschaffen wollen, dann hilft ein kühler Kopf. Und den bekommen Sie mit dieser Geste.

Der Fernseh-Detektiv Monk war unter anderem deswegen so erfolgreich, weil er sich von herzzerreißendem Weinen, prominenten Persönlichkeiten oder einflussreichen Millionären nicht einschüchtern ließ. Ihn ließen Emotionen, Statussymbole und Hierarchien kalt. Er schaute sich ganz sachlich an, was er am Tatort vorfand: Mann. Tot. Schrank. Liegt auf ihm. Offiziell soll der vom Erdbeben umgefallen sein, doch rund um den Schrank hingen noch alle Bilder gerade an der Wand und nichts schien vom Erdbeben betroffen worden zu sein, abgesehen vom Schrank. Monk zählte eins und eins zusammen und verdächtigte sofort die Witwe und sprach dies auch ohne Rücksicht auf etwaige Gefühle, Anstand und Ethik aus. Und? Er behielt recht.

Nun ist dies eine Fernsehfigur, doch auch im realen Leben mangelt es nicht an Beispielen. Ich habe eine Bekannte aus New York, die mir begeistert von ihrer Mitarbeiterin mit Asperger-Syndrom erzählt. Sie meint, dass mit ihr die Kommunikation viel klarer und ehrlicher abläuft. Es gibt keine kleinen Notlügen aus einer Gefühlslaune heraus, es gibt klare Lösungsansätze, die so besonders sind, weil sie nicht von Gefühlen beeinflusst werden. Diese Mitarbeiterin betrachtet nüchtern die Sachlage und agiert dementsprechend. Für ihr kleines Unternehmen ist sie ein Gewinn, auch wenn meine Bekannte bei manchen Äußerungen schlucken muss. So hat sie sich mal darüber aufgeregt, dass ihre Geschwister nach dem Tod der Mutter über diese gelästert haben. Meine Bekannte war sehr traurig darüber, weil sie ihre Mutter sehr geliebt hat und nicht wollte, dass Lügen über sie verbreitet werden. Während sie überlegte, wie sie gegen ihre Geschwister vorgehen könnte, schaute ihre Mitarbeiterin sie an und meinte: »Wo ist das Problem? Deine Mutter ist doch tot, die bekommt davon gar nichts mehr mit.«

Dass die Kommunikation klarer wird, wenn ohne Ironie, Sarkasmus und zu viel Gefühl geredet wird, hat auch das Software-Unternehmen SAP erkannt. Viele Autisten können mit ihrer unglaublichen Intelligenz fehlerlos lange Zahlenkolonnen überprüfen, sind allerdings schon mit Smalltalk überfordert, ganz abgesehen von Gefühlsausbrüchen. SAP stellt weltweit immer mehr Autisten ein, um ihre Stärken zu nutzen und richtet sich darauf ein, dass eventuell die gemeinsamen Meetings schwierig werden könnten. Doch genau das Gegenteil war der Fall: Seitdem so sachlich wie möglich und für alle verständlich geredet wird, verlaufen die Gespräche viel effektiver ab.

Diese Beispiele verdeutlichen, dass uns häufig die Gefühle im Weg stehen und uns nicht bei der Suche nach einer Lösung oder sogar bei effektiver Kommunikation helfen. Wenn Sie eine Krise klar überdenken möchten, dann ist es schlau, in die Neutral-Geste zu gehen und emotionslos alle Optionen durchzuspielen.

Wenn Ihr Unternehmen kurz vor der Insolvenz steht, ist es manchmal notwendig und sinnvoll, neben diversen anderen Einsparungen auch einige Mitarbeiter zu entlassen, um das Ruder vielleicht noch herumzureißen. Ich erlebe jedoch immer wieder, dass persönliche Emotionen diese Entscheidung boykottieren. Immerhin hätte der eine Mitarbeiter Familie und gerade ein Haus gebaut, und der andere wäre die gute Seele des Unternehmens, und die dritte Mitarbeiterin ist alleinerziehend und hat zu Hause eine behinderte Tochter.

Diese persönlichen Dramen sind tragisch, und es ist verständlich, dass niemand diesen Menschen wehtun möchte. Doch wenn das gesamte Unternehmen den Bach runtergeht, dann ist auch niemandem geholfen, denn spätestens dann sitzen wirklich alle auf der Straße. Hier könnte es sinnvoll sein, die Emotionen im ersten Schritt außen vor zu lassen und mit klarem Kopf so sachlich wie möglich zu überlegen, welcher Schritt nun sinnvoll wäre.

Die Neutral-Geste im Video

Die Gesten in Kombination

Gehen wir die sechs Gesten einmal hintereinander durch. Sie fangen mit dem Deuten an, gehen in die Innenraum-Geste, zweifeln ein bisschen, gehen einen Schritt zurück in Antipathie, einen Schritt wieder nach vorne in die Sympathie-Geste, und bei Neutral gehen Sie wieder raus aus der Welt und somit wieder einen Schritt zurück. Schauen Sie sich dazu am besten das Video von der Neutral-Geste an, in dem ich die komplette Abfolge vormache.

Wenn Sie nun alle sechs Gesten in der ursprünglichen Form zusammen haben, dann kombinieren Sie diese noch mit der Atmung. Beim Deuten atmen Sie ein, bei der Innenraum-Geste wieder aus, beim Zweifeln ein, bei Antipathie aus. Bei Sympathie wieder einatmen, und bei Neutral atmen Sie aus. Spielen Sie diese Abfolge ruhig ein paar Mal mit großen Gesten durch.

Nun kennen Sie alle sechs Gesten und die Abfolge für die Übungsroutine. Jetzt haben Sie die Möglichkeit, Emotionen zu zeigen, ohne in jede einzelne zu tief einzutauchen.

In Trainings nutzen manche die einzelnen Gesten intensiv. Manche nutzen Sie ausschließlich für die Konditionierung und denken hinterher nur noch an die Elemente. Da gibt es kein Richtig oder Falsch, kein Besser oder Schlechter. Die Entscheidung liegt bei Ihnen.

Die Gesten in den Elementen: Klassische Konditionierung

Nun beginnt die klassische Konditionierung. Vielleicht haben Sie schon von dem russischen Physiologen Iwan Petrowitsch Pawlow (1849–1936) gehört, der sich dieses Modell ausdachte. Er hat dieses Lernmodell entwickelt, um in unserem Gehirn natürliche Reaktionen mit neuen Impulsen zu verknüpfen. Am Anfang hat er dies mit seinen eigenen Hunden getestet. Er läutete eine Glocke und gab den Hunden direkt danach etwas zu fressen. Dies wiederholte er so lange, bis den Hunden klar war, dass die Glocke buchstäblich das Fressen einläutete. Genauso wie Schulkinder bei einer Schulglocke sofort wissen, dass nun die Pause beginnt oder endet. Nur ging das Pawlow-Experiment noch weiter, weil die Hunde irgendwann den Glockenton so unverrückbar mit dem Fressen verbanden, dass der Ton an sich schon Fressen bedeutete. Bei den Hunden floss allein durch das akustische Signal der Speichel, selbst wenn nach dem Tönen der Glocke kein Fressen folgte.

Beim Hundetraining wird diese Form der Konditionierung noch heute eingesetzt. Da es auf Dauer unpraktisch wäre, beim Hundetraining ständig eine Glocke mit sich herumzutragen, wird ein kleiner Klicker eingesetzt, der nur ein relativ unauffälliges Knackgeräusch von sich gibt. Am Anfang wird nach dem Pawlow'schen Prinzip geübt, indem minutenlang »geklickert« wird und nach jedem Klickern direkt ein Leckerli folgt. Die meisten Hunde verstehen sehr schnell, dass das Klickern bedeutet, dass gleich etwas zu fressen kommt. Doch mit der Zeit wird das Klick-Geräusch selbst die Belohnung. Der Hund macht auf Kommando artig Sitz, ich klickere, und der Hund freut sich über die Belohnung, obwohl es nur ein Geräusch war. Dadurch wurde die natürliche Freude, die ein Hund mit Fressen verbindet, auf ein Geräusch übertragen. Genau das meinte Pawlow mit der Verbindung von natürlichen Reaktionen mit einem neuen Impuls.

Und nach demselben Prinzip werden Sie jetzt natürliche Gefühle und Emotionen mit Bewegungen verknüpfen. Und keine Sorge, auf eine Glocke und das Sabbern können wir dabei verzichten.

Die Konditionierung erreichen Sie, indem Sie am Anfang die Gesten sehr groß machen und jede Geste intensiv spüren. Je häufiger Sie dies üben, desto stärker verbindet Ihr Gehirn das Gefühl mit der Geste. Einige Wochen täglichen Trainings sollten Sie dafür einplanen. Da für Ihr Gehirn alles real ist, was Sie denken, reicht es nach ein paar Wochen, wenn Sie nur an die Geste oder an das Element denken, und schon wird Ihr Körper das passende Gefühl hervorzaubern bzw. die gefragten Stärken aktivieren. Selbst wenn Sie also die Gesten selbst nie solo anwenden werden, so sind sie doch wichtig, um jedes einzelne Element zu üben.

So arbeiten Sie auf die gewünschten Veränderungen hin, zum Beispiel:

- Sie möchten als Erde-Typ den ungeliebten Smalltalk besser hinbekommen? Dann spielen Sie die sechs Gesten in Luft durch.
- Sie möchten als Feuer-Typ in einem Konflikt ruhig und sachlich rüberkommen? Dann spielen Sie die Gesten in Erde durch.
- Sie möchten als Wasser-Typ mehr Präsenz aufbauen? Dann spielen Sie die Gesten in Feuer durch.
- Sie möchten als Luft-Typ Ihrer Frau eine zu Herzen gehende Liebeserklärung machen? Dann spielen Sie die Gesten in Wasser durch.

Wie das geht und wie sich die Gesten in den einzelnen Elementen anfühlen, erkläre ich Ihnen nachfolgend – und ich zeige es Ihnen auch wieder in meinen Videos. Für jedes Element gibt es ein eigenes.

Die Gesten in Erde

Wie fühlt sich Erde an? Erde ist schwer. Das bedeutet, dass Sie den Körper auch bei den Gesten nicht freiwillig bewegen werden. Erde überlegt sich alles ganz genau. Damit ist klar, dass Sie nur dann bei einer Geste den Arm bewegen, wenn es

Sinn ergibt. Erde zeigt nicht so viele Emotionen. Erde ist verwurzelt. Stellen Sie sich vor, dass Sie ein Baum sind und Ihre Füße mit dem Boden verwurzelt. Sie können sich bewegen und gehen, doch bei jedem Schritt verankern sich die Wurzeln sofort wieder im Boden.

Nehmen Sie gedanklich einen Klumpen Muttererde mit Grasnarbe in beide Hände, und lassen Sie den Klumpen fallen. Springt dabei irgendetwas hoch? Nein. Der Klumpen klatscht auf den Boden und bleibt wie ein missglückter Pfannkuchen liegen. Dort unten bleiben Sie mit den Gedanken, wenn Sie nun mit den Gesten starten.

- Beim Deuten zeigen Sie eher auf den Boden oder maximal auf Augenhöhe. Der Arm ist schwer, und der Blick ist es auch. Bevorzugen Sie daher eine sparsame Bewegung.
- Bei der Innenraum-Geste ziehen Sie sich zurück in Ihre Seifenblase und fühlen so viel, wie es geht, was bei Erde nicht sonderlich viel ist.
- Dann kommt der Zweifel, und hier bleiben Sie bitte einfach regungslos stehen. Denn Erde zweifelt nicht. Erde überlegt. Und zwar in aller Ruhe. Erde überdenkt alle Optionen und trifft dann eine Entscheidung, ohne vorher panisch von einer Ecke in die nächste zu springen. Deswegen fällt Erde-Typen die ursprüngliche Zweifel-Geste auch so schwer, weil sie solche Panik nicht kennen.
- Nach dem Zweifeln kommt Antipathie, und das ist eine absolute Stärke von der Erde. Sie gehen einen Schritt zurück, und mit der Erde zeigen Sie eine entspannte, entschlossene, unemotionale Nein-Haltung. Es reicht eine sehr sparsame Geste, indem Sie einen oder beide Arme zur Abwehr nach oben heben.
- Bei der Sympathie gehen Sie einen Schritt nach vorne in die Welt, die Sie lieben. In Erde bedeutet es, dass Sie einfach einen Schritt nach vorn gehen und mit Pokerface in

Ihrer Traumwelt stehenbleiben. Innerlich fühlen Sie sich großartig, aber das ist für die Erde noch lange kein Grund für ein dämliches Dauergrinsen. Erde würde vielleicht anerkennend nicken, doch das ist das höchste der Gefühle.

- Bei Neutral gehen Sie einen Schritt zurück aus der Welt hinaus und beobachten sie nur noch, ohne etwas zu empfinden. Ein Home-Run für die Erde.

Schauen Sie sich in meinem Video an, wie ich die Gesten in Erde vormache, damit Sie ein Gefühl dafür bekommen. Und dann sind Sie dran: Spielen Sie die Gesten am Anfang mit großen Bewegungen durch. Nach ein paar Tagen oder Wochen können Sie die Gesten immer kleiner werden lassen, bis Sie schließlich nur noch an die Erde und die Gesten denken, ohne sich dabei zu bewegen. Sie möchten ja später in eine Stimmung kommen und etwas in sich aktivieren, ohne dabei im Meetingraum eine Schauspiel-Übung einzulegen.

Die Gesten in Erde im Video

Wie fühlt sich Wasser an? Es ist fließend, weich und kann eine ungeheure Dynamik entwickeln. Wenn Sie einen vollen Eimer Wasser tragen und leicht schwanken, dann wird das Wasser in Bewegung kommen. Es wird an der einen Seite zum Eimerrand hochschwappen, sich dann in die andere Richtung bewegen und dort fast über den Eimerrand fließen, um dann wieder zurück zur anderen Seite zu schwappen. Selbst wenn Sie den Eimer ab diesem Moment ganz ruhig halten, kann es gut sein, dass sich das Wasser trotzdem noch so aufschaukelt, dass Sie tatsächlich kleckern. Erst nach einiger Zeit wird das Wasser dann wieder ruhiger, und Sie können weitergehen. Wenn Sie das Element Wasser fühlen möchten, wäre es gut, genau diese Dynamik zu spüren.

Wenn Sie das rechte Bein belasten, dann belasten Sie danach bitte ausgleichend das linke Bein. Bewegen Sie Ihren linken Arm, dann bewegen Sie danach den rechten Arm. Geht die Bewegung nach vorn, folgt danach eine Bewegung nach hinten.

Klingt nach Bewegungen eines angetrunkenen Matrosen? Richtig. Die bewegen sich wie Wasser. Wenn Sie das nächste Mal ein bisschen über den Durst getrunken haben, dann nehmen Sie bewusst dieses schwankende Gefühl in sich wahr, damit Sie dies nüchtern reproduzieren können. Und bitte, ich spreche von einem Schwips. Nicht dass Sie hinterher behaupten, ich hätte eine Runde Koma-Saufen legitimiert.

Dieses leichte hin und her Pendeln wird Ihnen beim Üben helfen, ein Gefühl für das Element zu bekommen. Später reicht es, das Gefühl zu spüren, ohne dabei schwankend vor Ihrem Kunden zu stehen. Der Blick bleibt meistens am Horizont haften. Er schweift in die Weite und blickt dort von einer Seite zur anderen. Immer weich. Bewegen Sie sich in Wasser nie zu schnell, denn das ist ein Ding der Unmöglichkeit. Sie wollen nur schnell im Kinderbecken zu Ihrem Sohn gehen, um ihm die Schwimmflügel zurechtzurücken? Dann ist es ratsam, in diesem flachen Wasser zu schwimmen oder die Füße so weit hochzuheben, dass Sie aus dem Wasser herauskommen. Solange Sie im Wasser bleiben, ist gehend kein schnelles Vorankommen möglich.

Und genauso fühlt sich Wasser an. Weiche, fließende, langsame Bewegungen. Eine Bewegung in eine Richtung hat sofort dieselbe Bewegung in die andere Richtung zur Konsequenz.

Achten Sie beim Blick nicht nur auf den Horizont, sondern stellen Sie sich auch einen Gluck-Gluck-Blick vor. Das bedeutet, dass Ihre Augen wie Bullaugen sind, kleine Fenster in einem Schiffsrumpf, der größtenteils im Wasser ist, bis zur Hälfte des Bullauges. Sie sehen also zur Hälfte den Himmel, und zur Hälfte sehen Sie das Wasser gegen das Bullauge schwappen. Beziehungsweise fühlt es sich so an, als ob das Wasser ständig gegen Ihr Auge schwappt. Dieses Gefühl kann ich am besten mit Gluck-Gluck-Blick beschreiben.

Ihr Stand ist in Wasser natürlich auch nicht wirklich solide. Sie fühlen sich, als ob Sie am Strand stehen und eine Welle einen Teil des Sandes unter Ihren Füssen wegspült. Sie haben das bestimmt schon mal am Strand ausprobiert und konnten sich dabei kaum auf den Beinen halten.

Wobei Sie vom Gefühl her nicht im Wasser stehen, sondern Wasser sind. Jede Bewegung ist fließend. Ihr Blick ist weich und haftet am Horizont. Selbst Ihr Stand ist durch den unsicheren Untergrund weich, und Sie positionieren sich immer mal wieder neu.

Als junge Studentin habe ich mir manchmal einen Scherz daraus gemacht, mit diesem Gefühl von Wasser mitten in der Nacht bei einer Tankstelle vorzufahren, schwankend vor dem

Süßigkeiten-Regal stehen zu bleiben und zu überlegen, welchen Schokoriegel ich wohl essen wollen würde. Diesen hier mit Nüssen? Oder den mit Karamell? Oder doch lieber diesen mit Erdbeeren? Oder doch den mit Nüssen? Ich brauchte natürlich ewig, bis ich mich entschieden hatte, weil ich ständig zwischen meinen Wünschen hin und her schwappte. Nach dem Kauf des Schokoriegels bin ich dann ins Auto gestiegen und weggefahren. Ich habe immer damit gerechnet, dass mir mal ein Tankstellenbesitzer die Polizei hinterherschickt, weil er denkt, dass ich betrunken Auto fahre. Ist nie passiert, wäre aber auch nicht dramatisch gewesen, weil ich sowieso nie Alkohol trinke.

Doch so ein kleiner Einkauf ist eine gute Übung. Stellen Sie sich beim nächsten Samstagseinkauf vor die Käsetheke und geben Sie in Wasser Ihre Bestellung auf. Überlegen Sie erst einmal lange, dann bestellen Sie vielleicht etwas, um kurz darauf Ihre Meinung wieder zu ändern, weil der andere Käse doch besser aussieht, um dann wieder zum ersten Käse zurückzuschwanken. Damit machen Sie den Verkäufer wahnsinnig. Vor allem an einem Samstag.

Wenn Sie dagegen in Erde an dieser besagten Käsetheke stehen würden, dann hätte der Verkäufer seine Freude an Ihnen als Kunde. Weil Sie sofort genau wissen, was Sie wollen, den Verkäufer nicht mit Smalltalk vom Abarbeiten der langen Warteschlange abhalten und nach einem kurzen Kopfnicken wieder von dannen ziehen.

Verkäufer sind Kummer gewöhnt. Gehen Sie in einen Supermarkt, wo Sie keiner kennt, und üben Sie alle Elemente einmal durch. Bei der Käsetheke vielleicht das Wasser, bei der Fleischtheke die Luft, beim Bäcker die Erde, und an der Kasse sind Sie dann Feuer.

Bleiben wir aber erst einmal beim Wasser. Wenn Sie die Gesten durchgehen, dann spüren Sie den Gluck-Gluck-Blick, den unsicheren Stand am Strand, die fließenden Bewegungen, die immer die Konsequenz einer Gegenbewegung haben.

- Starten Sie mit Deuten. Erfassen Sie mit Ihrem Blick den Horizont, und zeigen Sie fließend mit dem Arm in diese Richtung. Der Arm darf sich dabei gerne bewegen, als ob Sie auf ein Schiff zeigen, das am Horizont von links nach rechts fährt.
- Danach kommt die Innenraum-Geste, und hier landen wir in der Kernkompetenz des Wassers. Sie lassen den Arm sinken, der Blick geht nach innen, und Sie lassen alle Gefühle in sich hineinfließen. Sie werden überschwemmt von Gefühlen, die vielleicht am Oberkörper starten, aber dann die Hüfte und die Beine hinunterfließen und um die Füße herum eine Pfütze bilden.
- Dann gehen Sie in den Zweifel und achten bitte darauf, dass Sie sich wie an der Käsetheke schwankend von einer Idee zur nächsten bewegen. Sie schwanken nach links und zeigen ganz weich auf den Stinkekäse, um dann wieder nach rechts zu schwanken und dort auf einen jungen Gouda zu zeigen, um dann die Meinung zu ändern und in der Mitte auf den Camembert zu zeigen, und danach entdecken Sie noch zig andere Möglichkeiten. Fragen Sie sich schwankend: Will ich A? Oder B? Oder Z? Oder doch S?
- Nach dem Zweifel folgt die Antipathie. Sie gehen einen Schritt zurück, entfernen sich von der Welt, die Sie nicht mögen, und haben dabei eine starke Ausstrahlung, die im Körper aber nicht konsequent durchgehalten wird. Sie fühlen sich wie eine 40-Meter-Monsterwelle, aber legen dabei noch leicht den Kopf schräg. Das würde Erde nie einfallen, denn wenn er Nein sagt, hält er dabei seinen Kopf aufrecht, um das Gesagte zu unterstreichen. Wasser ist in der Antipathie zwar stark, lässt sich aber doch noch hier

und da ein Hintertürchen offen, falls die Prioritäten sich ändern sollten. Behalten Sie selbst bei der Antipathie den Gluck-Gluck-Blick bei.

- Danach kommt die Sympathie, und das Wasser fließt förmlich nach vorne in die emotional heile Welt. Sie treten schwankend vor, fühlen sich glücklich und lassen den Blick weich und schwankend durch ihre schöne Welt schweifen. Auch hier gilt, dass Sie sich zum Ausgleich sofort in die Gegenrichtung bewegen. Der unsichere Stand bleibt.
- Und dann folgt Neutral. Das ist eine echte Herausforderung, denn Wasser ohne Emotionen ist kein Wasser. Sie können es gerne probieren, indem Sie einen Schritt nach hinten machen, aus der Welt heraustreten und sie nur beobachten. Sie schauen sich alles neugierig an: Stuhl, Mann, Frau, Spiegel, Lampe, Teppich. Nur schauen, nicht bewerten. Keine Emotionen. Ich könnte mir vorstellen, dass Sie schnell daran scheitern. Sie probieren es natürlich trotzdem und versuchen so neutral wie irgend möglich zu sein. Bei Erde fiel diese Geste noch so leicht, denn da waren eh kaum Emotionen vorhanden, doch in Wasser ist jedes gedachte Wort gefühlsschwanger. Schauen Sie sich dafür das Video an, in dem ich die sechs Gesten in Wasser vormache.

Die Gesten in Wasser im Video

Die Gesten in Feuer

Jetzt packen wir die Leidenschaft aus. Sie kommen schnell ins Feuer, wenn Sie sich vorstellen, dass Sie am ganzen Körper brennen. Positiv brennen. Sie verbrennen dabei nicht. Sie brennen vielmehr vor Leidenschaft und erzeugen damit eine ungeheure Präsenz. Wenn Sie über einen Holzfußboden gehen, dann hinterlassen Ihre Füße verbranntes Holz. Ihre Finger sind wie Flammenwerfer, und aus jeder Fingerspitze sprühen die Funken. Den Feuer-Supermann können Sie sich als menschliche Fackel vorstellen, wie den Comic-Helden bei den Fantastischen Vier. Ihre Haare brennen, der Nacken, der Rücken, die Arme, die Beine, die Füße, alles. Bleiben Sie ruhig stehen, nehmen Sie Ihren gesamten Körper bewusst wahr, und spüren Sie, wie toll Sie ihn finden.

Feuer ist ein Element, das in die Höhe geht. Bei Streitigkeiten geht Feuer wie ein Choleriker in die Luft und spürt hauptsächlich den hochroten Kopf und die heftige Hochatmung im Brustkorb. Wasser und Erde sind tiefe Elemente. Bei beiden Elementen spüren Sie automatisch die Schwere. Beim Wasser über die vielen Emotionen, die Sie in die Tiefe ziehen, und bei der Erde, weil Sie nüchtern auf dem Boden der Tatsachen bleiben. Luft und Feuer dagegen sind hohe Elemente, die nach oben streben. Daher besteht bei beiden die Gefahr, dass sie den Brustkorb stärker spüren als den Rest des Körpers. Das ist allerdings ungünstig, weil Sie dann komplett die beruhigende Bauchatmung verlieren, den sicheren Stand und die raumgreifende Präsenz. Konzentrieren Sie sich deshalb bewusst mit dem Kopf auf die Füße, damit Sie auch den Rest des Körpers dazwischen spüren.

Feuer brennt. Und Feuer liebt es, im Mittelpunkt zu stehen und gesehen zu werden. Feuer bewegt sich ständig auf dem schmalen Grat zwischen einnehmender Selbstliebe und Arroganz. Mit Arroganz erreichen Sie in der Kommunikation nicht viel, weil Sie damit die Augenhöhe zu Ihrem Gegenüber verlassen. Daher ist es schlau, sich mehr auf Ersteres zu konzentrieren. Sie finden sich sexy, weil Sie sich und Ihr Leben toll finden, und nicht weil Sie sich über andere erheben wollen.

Reiben Sie mit Ihren Händen Ihren ganzen Körper ab, um Wärme zu erzeugen, und stampfen Sie anschließend fest auf, damit Sie auch wirklich jeden Bereich Ihres Körpers spüren. Schauen Sie sich dazu das Video an, in dem ich vormache, wie ich schnell in das Gefühl von Feuer komme.

Und dann geht die Gesten-Abfolge in Feuer los.

- Sie fangen mit dem Deuten an, und das hat im Feuer eher den Hintergrund, dass Sie das, worauf Sie zeigen, haben wollen. Zeigen Sie voller Feuer auf einen Gegenstand oder eine Person, und lassen Sie die Funken aus Ihren Fingerspitzen sprühen. Spüren Sie die aufwallende, heiße Energie. Bei Wasser waren alle Gesten weich, beim Feuer sind alle energiegeladen, schnell und hitzig.
- Nach dem Deuten gehen Sie in die Innenraum-Geste. Sie lassen den Arm fallen, senken den Blick und gehen wieder einen Schritt zurück. Innenraum fühlt sich in Feuer an wie eine Implosion bei einem Vulkan. Sie haben einige Gefühle, würden sie gerne jemandem mitteilen, doch Sie beherrschen sich. Alles bei sich zu behalten, fällt dem Feuer schwer, doch trotzdem versuchen Sie es mit der Innenraum-Geste, indem Sie die Lava und die kleinen Explosionen in sich selbst spüren, ohne sie nach außen zu lassen.
- Danach kommt der Zweifel. Im Feuer bedeutet dies, dass Sie sich alles nehmen dürfen und nur noch nicht wissen, in welcher Reihenfolge Sie zugreifen. Stellen Sie sich vor,

Sie sind in einem Feinkostladen, und der Besitzer mag Sie so sehr, dass Sie sich kostenlos alles nehmen dürfen, was Sie mögen. Nun wissen Sie allerdings nicht, ob Sie mit der Salami anfangen, die von der Decke hängt, oder mit dem Käse direkt vor Ihnen oder mit den Pralinen rechts im Regal oder den Lakritzen links im untersten Regal. Sie wissen, dass Sie sich alles nehmen und essen werden, sind nur noch unsicher, in welcher Reihenfolge.

- Dann kommt die Antipathie. Ich habe schon mehrfach erwähnt, dass Feuer den Choleriker symbolisiert. Somit wird es Sie nicht verwundern, dass Feuer hier eher einen Schritt nach vorne macht, um sein Gegenüber zu provozieren. Bei dem Beispiel mit dem Kind, das vor den Jugendlichen und dem Kampfhund flüchtet, würde Feuer den Jugendlichen entgegentreten und mit einer vor Sarkasmus triefenden Stimme mitteilen, dass sie das Kind nur bekommen, wenn sie ihn umhauen. Feuer ist der Mittelpunkt und möchte stark sein. Das Kind ist ihm als Egoisten ziemlich egal, aber in der Heldenrolle fühlt er sich toll. Bei Antipathie finden Sie die Welt da draußen auch blöd, wie in allen anderen Elementen, aber hier gehen Sie trotzdem bewusst einen Schritt darauf zu und sagen bzw. schreien es der Welt entgegen.
- Bei Sympathie gehen Sie noch einen Schritt nach vorne, oder auch zwei oder drei. Sie erobern mit Ihrer Energie Ihre Lieblingswelt. Das ist weniger ein stilles Glücksgefühl, wie in Wasser, sondern vielmehr das Genießen des Applauses. Die Lieblingswelt von Feuer ist natürlich eine Bühne, auf der er steht und zu seinem Publikum sagt: »Ihr applaudiert? Das ist auch richtig so. Ich war großartig.« In einer Beziehung würde Feuer auch ausstrahlen, dass er zu Recht angehimmelt wird, weil die Partnerin mit ihm das große Los gezogen hat.
- Bei Neutral gehen Sie nun endlich wieder einen Schritt zurück und verlassen die Welt. Sie schauen sich diese nur

an. Dieser Rückzug fällt dem Feuer schwer, ähnlich wie bei der Innenraum-Geste. Er schaut sich alles so neutral und unbeteiligt wie möglich an, doch die Emotionen verfliegen nicht komplett. Sie werden höchstens etwas gedämpft. Während Sie so dastehen und im Feuer neutral sind, spüren Sie den Körper immer noch pulsieren und brennen.

Die Gesten in Feuer im Video

Die Gesten in Luft

Jetzt wird es lustig. Luft macht Spaß. Denn Luft gibt Ihnen die Gelegenheit, Ihr inneres, neugieriges Kind freizulassen. Erinnern Sie sich an die Leichtigkeit und Abenteuerlust, mit der Sie als Kind jeden Morgen aufgestanden sind – das ist Luft. Das Leben ist spannend, und die Luft freut sich, dabei zu sein. Da Sie in der Luft nie wissen, wo ein noch größeres Abenteuer wartet, haben Sie keinen sicheren Stand, sondern wippen zumindest mit den Füßen von vorne nach hinten oder verändern sogar immer mal wieder den Stand. Wie ein kleines Kind, das gleich seine Geburtstagsgeschenke auspacken oder gleich ins Karussell darf.

Kinder machen absolut sinnlose Bewegungen. Ständig sind die Arme oben, oder sie drehen sich unvermittelt oder hüpfen von der Küche ins Wohnzimmer, weil sie dem Papa etwas sagen wollen. Wenn Sie sich als Erwachsener so viel und so oft bewegen wie ein Kind, dann werden Sie schnell erschöpft sein und um eine Pause bitten. Es sei denn, Sie sind ein Luft-Typ. Der bewegt sich gerne mit und ist kindischer als jedes Kleinkind. Häufig ist der Luft-Typ die Lieblingstante. Sie macht alles mit und hüpft und juchzt und freut sich über jedes neue Spiel. Das sorgt allerdings dafür, dass das Kind irgendwann so aufgedreht ist, dass die Eltern es abends kaum ins Bett bekommen. Was wiederum dazu führt, dass die Tante zwar der Liebling des Kindes ist, aber nicht unbedingt der Eltern.

Für die Gesten bedeutet das: Jeder Körperteil ist leicht, als ob ein Ballon daran hinge und alles hochzöge. Die Arme bewegen sich fast von allein nach oben. Es kostet Sie in Luft mehr Kraft, sie unten zu halten, als sie einfach nach oben schweben zu lassen. Warum die Arme oben sind? Das ist der Luft egal. Sie braucht keinen konkreten Grund. Vielleicht hebt sie die Arme, um die Luft zu greifen, vielleicht um sich die Haare zu raufen, vielleicht um jemandem zuzuwinken oder vielleicht um sich zu recken.

Luft ist, wie das Feuer, ein hohes Element, und daher neigen beide zur Hochatmung. Bleiben Sie bitte trotzdem bei einer entspannten, tiefen Bauchatmung. Sie können die Leichtigkeit in sich spüren, ohne gleich völlig den Boden unter sich zu verlieren.

Gehen wir die Gesten einmal in Luft durch.

- Starten Sie mit Deuten. Luft deutet gerne nach oben, da sowieso alles nach oben strebt. Stellen Sie sich vor, Sie würden am Himmel ein Flugzeug sehen, das von den Wolken immer wieder verdeckt wird, aber dann entdecken Sie es wieder zwischen den Wolken und zeigen konsequent dorthin. Voller Euphorie, voller Spannung und voller Leichtigkeit.

- Dann geht es zur Innenraum-Geste. Sie lassen den Arm fallen, gehen einen Schritt zurück und richten den Blick nach innen. Nun warten im Innenleben der Luft allerdings keine tiefschürfenden Gefühle. Eher fühlt es sich an, als ob sich im Oberkörper zig Luftballons ansammeln würden und der Körper ab der Hüfte bedeutungslos wäre. Die Luft spürt also alle Emotionen auf eine leichte Art und Weise und zieht sich in die eigene Seifenblase zurück. Wie ein kleines Kind, das sich mit seinem Teddy in eine Ecke verkriecht und nicht mehr aktiv am Gespräch und Leben teilnimmt.
- Bei Zweifel stellen Sie sich bitte vor, dass Sie ein Schmetterlingsnetz in der Hand halten, von ganz vielen Schmetterlingen umschwirrt werden und sich nun nicht entscheiden können, welchen Sie zuerst fangen wollen.
- Bei der Antipathie gehen Sie einen Schritt zurück und vermeiden eher den Blickkontakt zu dem, was Sie nicht mögen. Sie können sich vielleicht noch einmal nach vorne drehen, der Person oder der Situation die Zunge rausstrecken, um sich dann wieder seitlich abzuwenden, die Arme zu verschränken und zu schmollen.
- Bei der Sympathie lebt die Luft richtig auf. Das ist der frisch verliebte Nachbar, der mit seinem Dauergrinsen nicht aufhören kann. Sie spüren in jeder Faser das Glück und die Freude, sich in dieser tollen Welt aufhalten zu dürfen. Heben Sie dabei bitte nicht ab, sondern spüren Sie trotzdem den Boden unter Ihren Füßen. Woraus er auch immer bestehen mag: Strand, Moos, Gras, Pfütze. Schauen Sie sich glücklich um, und genießen Sie es, ein Teil dieses Lebens zu sein.
- Bei Neutral gehen Sie wieder raus aus der Welt und beobachten nur noch. Das fällt der Luft nicht schwer, weil sie so neugierig ist. Und da Luft auch nicht vorschnell urteilt, sondern selbst Harz an einem Baum noch spannend fin-

det, kann die Luft in der Neutral-Geste viele Emotionen zügeln. Nur das Interesse nicht. Deswegen ist die Luft in der Neutral-Geste nicht ganz so sachlich wie die Erde. Sie findet einfach alles spannend, was sie erspäht.

Die Gesten in Luft im Video

Stärken und Schwächen der Elemente

Die Fantastischen Vier sind am stärksten im Team. Denn jeder Superheld hat seine Stärken, aber auch seine Schwächen. Aus den Eigenschaften der Elemente werden die Stärken und Schwächen unserer vier Superhelden offensichtlich.

	steht hauptsächlich für:	kann ich nutzen für:
Feuer	mitreißen begeistern männlich	Präsentationen Moderation
	Welche Gesten kann ich gut mit Feuer verbinden?	
	Deuten Sympathie	

	steht hauptsächlich für:	kann ich nutzen für:
Wasser	Harmonie verbreiten ausgleichend verbindend weiblich	Feedback Coaching Mitarbeitergespräch Trost
	Welche Gesten kann ich gut mit Wasser verbinden?	
	Sympathie Innenraum Zweifel	
Erde	**steht hauptsächlich für:**	**kann ich nutzen für:**
	überzeugend männlich	Verhandlungen Problemanalysen Diskussionen Sicherheit verbreiten Konflikte
	Welche Gesten kann ich gut mit Erde verbinden?	
	Antipathie Neutral Deuten Zweifel	
Luft	**steht hauptsächlich für:**	**kann ich nutzen für:**
	netzwerken begeistern verbindend weiblich/kindlich	Smalltalk Training Moderation Erholungsphase bei Konflikten Teamarbeit
	Welche Gesten kann ich gut mit Luft verbinden?	
	Sympathie Deuten Neutral	

Abb.: Stärken und Schwächen der Elemente

Stärken und Schwächen des Erde-Supermanns

Der Erde-Supermann ist genial, weil er viele Gesten gut kann. Antipathie liegt ihm zum Beispiel sehr. Er verhandelt Preise ohne große Emotionen und sagt zu Angeboten entschlossen nein, wenn er nicht zufrieden ist. Er verteidigt Menschen bei einem Streit, ohne eine Eskalation zu provozieren, wie Feuer es tun würde. Das sind starke Schultern, hinter denen wir uns gerne verstecken, die wir gerne als Puffer nutzen, beruflich und privat.

Um es auf den Punkt zu bringen: Der Erde-Superheld ist der Einzige, der bei Antipathie gut dasteht. Alle anderen Elemente versagen bei dieser Geste. Weshalb bei Konflikttrainings ja auch gerne die Sachlichkeit trainiert wird. Weniger Emotionen bedeutet bei einem Konflikt, dass Sie eher den Überblick haben.

Deswegen folgen wir in Notsituationen auch einem wortkargen Mann, der trotz der Gefahrensituation noch Ruhe ausstrahlt. Wir sind uns instinktiv sicher, dass er den Überblick behalten hat. Je emotionaler ein Mensch wird, desto stärker fokussiert er sich auf das Problem und blendet das Umfeld aus. Das hilft bei einem Konflikt überhaupt nicht, weil viele mögliche Lösungen und andere Blickwinkel überhaupt nicht gesehen werden. Da ist die ruhige Haltung von Erde Gold wert.

Bei Hunden ist klar zu sehen, wer der Rudelführer ist. Es ist häufig der ruhige Hund, der etwas abseits sitzt und auf das Rudel aufpasst, indem er sowohl die anderen Hunde als auch das Umfeld im Blick behält. Wenn das Rudel zu wild spielt, greift er ein. Wenn innerhalb des Rudels Streit entsteht, geht er dazwischen. Und vor allem ist er zur Stelle, wenn Gefahr von außen droht, weil sich ein fremder Hund seinem Rudel nähert. Wenn es ein harmloser Hund ist, dann schickt der Rudelführer einen aus seinem Team zur Begrüßung hin. Wittert der Rudelführer allerdings Ärger, dann steht er selbst an vorderster Front und lässt den fremden Hund überhaupt nicht an sein Rudel heran. Die wilden Hunde, die quirligen, die unruhigen, die lauten, sind meistens nicht die Rudelführer. Und das gilt bei den Menschen genauso wie bei den Hunden.

Deshalb finden Sie auch so viele Erde-Typen in der Führungsebene. Sie sind überzeugend. Sie beweisen sich regelmäßig als Rudelführer, und deswegen beugt sich das Rudel gerne ihrem Willen. Deshalb ergibt es auch Sinn, dass genau diese starke, sachliche, souveräne Ausstrahlung der Erde bei Verhandlungs- und Rhetoriktrainings geübt wird.

Da es in vielen wichtigen Gesprächen hilfreich ist, Emotionen möglichst auszublenden, um einen klaren Kopf zu bewahren, ist natürlich auch die Neutral-Geste sehr wichtig für die Kommunikation, insbesondere im Business. Auch da ist der Erde-Supermann der Gewinner.

Bei verhärteten Fronten werden zur Konfliktlösung manchmal Mediatoren hinzugezogen. Ich habe das einmal bei einem Frauen-Netzwerk miterlebt: Zwei Damen aus dem Vorstand waren zerstritten, und so wurde eine Mediatorin bestellt. Sie fragte nach den Gründen des Streits, und die beiden Damen waren sofort von null auf 180. Vor Emotionen sprudelnd berichteten sie, was wer wie wann wo falsch gemacht habe. Die Mediatorin unterbrach schnell und brachte erst einmal eine Struktur ins Gespräch, indem sie einer Dame beim Berichten den Vortritt ließ. Und als diese dann ständig eigene Interpretationen und Gefühle ins Spiel brachte, unterbrach die Mediatorin und fragte so lange nach, bis die Dame einigermaßen sachlich schildern konnte, was sie wahrgenommen hatte – und eben nicht mehr, was sie in die Situation hineininterpretiert und was das mit ihrer Gefühlswelt angerichtet hatte. Nachdem die erste Dame ihre Sicht der Dinge einigermaßen sachlich dargelegt hatte, kam die zweite an die Reihe. Ich erinnere mich noch genau, wie die Mediatorin immer wieder laut »Stopp!« rief, um eine sachliche Perspektive einzufordern und die Emotionen und Interpretationen aus dem Spiel zu lassen.

Das fanden die beiden Damen natürlich nicht gut, denn sie hätten gerne das Ventil genutzt und ihrem Ärger Luft gemacht. Doch die Mediatorin ließ das nicht zu. Hier wurden vielmehr die Emotionen an die frische Luft gesetzt, denn es ging um Lösungen und nicht um ein Verharren in der Wut.

Die Wahrnehmung von der Interpretation und dem Gefühl zu trennen, um in schwierigen Gesprächssituationen den Überblick zu behalten, lernen Mediatoren in ihrer Ausbildung. Und genau das ist die Stärke der Erde. Sie ist sowohl in der neutralen Geste gut, als auch in Antipathie.

Für meinen Hund Bruno habe ich eine geniale Heilpraktikerin an der Hand, die allerdings in Süddeutschland lebt. Meistens rufe ich sie also an, wenn es Bruno nicht gutgeht. Und während ich ihr am Telefon erzähle, was vorgefallen ist, unterbricht sie mich regelmäßig und sagt: »Keine Interpretationen, bitte. Liefern Sie mir Zahlen, Daten und Fakten.« Ich vermeide beim Reden somit die Worte »viel, wenig, groß, klein, langsam, schnell, normal« etc., denn sie weiß nicht, was ich als normal erachte. Wenn sie fragt, wie viel er isst, dann antworte ich nicht, dass er normal viel zu sich nimmt, sondern wie viel Gramm er genau von mir bekommen hat und in welchem Zeitraum er es aufgefressen hat. Auf dieser Basis kann sie viel leichter eine Diagnose stellen. Wenn sie versuchen würde, meine Interpretationen zu entschlüsseln, wäre das ein Ding der Unmöglichkeit.

Als ich meine zweite Radiosendung moderierte, kam über den Verkehrsticker eine Vermisstenmeldung. Die Eltern suchten verzweifelt nach ihrer kleinen Tochter. Sofort ging mein Herz auf, und ich wollte den Text nicht einfach neutral herunterleiern. Immerhin ging es hier um ein kleines, süßes Kind, das verlorengegangen war. Also schmückte ich die Meldung ein wenig mit entsprechenden Adjektiven aus, um an die Gefühle der Zuschauer zu appellieren und die Behörden auch wirklich zu unterstützen, wenn sie etwas beizutragen hatten.

Am nächsten Tag hatte ich dann ein Gespräch mit meinem Chef. Er erklärte mir, warum es so wichtig ist, dass ich solche Vermisstenmeldungen neutral vorlese. Er meinte, dass sich jeder unter »klein« etwas anderes vorstellt. Für den einen ist es eine Zweijährige, und für den Nächsten ist es eine Zehnjährige. Auch mit »süß« kann niemand etwas anfangen, da jeder etwas anderes als süß empfindet. Er betonte, wie wichtig es ist, bei einer Vermisstenmeldung nur Dinge auszusprechen, die ich beziffern oder klar benennen kann. Dann steigt die Wahrscheinlichkeit, dass das Mädchen gefunden und die Polizei nicht mit falschen Hinweisen in die Irre geführt wird.

Wenn ich sage, dass das Mädchen sieben Jahre alt ist, dann wird der eine Zuhörer sofort an ein kleines, süßes Mädchen denken. Ein anderer dagegen denkt vielleicht, dass Kinder in dem Alter häufig schon recht reif sind. Und trotzdem wissen beide, dass das Mädchen sieben Jahre alt ist, und haben eine ungefähre Vorstellung von Größe und Aussehen des Kindes. Die Interpretationen der Zuhörer verkomplizieren die Suche schon genug, doch eine Interpretation von mir als Radiomoderatorin macht das Chaos komplett. Ich dürfe, schloss mein Chef, in solchen Fällen also in Zahlen das Alter, die Größe, die Länge der Haare ansprechen und darf als Fakten noch hinzufügen, was sie genau getragen hat. Aber bitte nicht meine eigene Interpretation dieser Tatsachen.

Eine Erde-Moderatorin wäre vermutlich gar nicht erst auf die Idee gekommen.

Darüber hinaus kann Erde auch gut deuten. Es ist eine Form der Richtungsvorgabe, die bei einem Erde-Typen jeder ernst nehmen wird. Selbst wenn zum Beispiel das Feuer mit der Richtungsvorgabe nicht einverstanden ist und sowieso ungern anderen folgt, so ist dennoch klar, dass die Erde sich das gut überlegt hat. Es ist kein feuriges oder euphorisches Deuten, wie Feuer und Luft es tun würden. Es ist einfach nur, was es ist: eine präzise Richtungsangabe. Und das kann die Erde glaubhaft.

Auch beim Zweifeln ist die Erde federführend. Wasser ist auch gut in dieser Geste, aber lange nicht so konstruktiv wie die Erde. Denn Erde ist entscheidungsfreudiger als das Wasser. Erde wird nicht ausflippen und vor lauter Sorgen die Lösung nicht sehen. Erde überlegt. Erde denkt nach. Und wenn Erde genug überlegt hat, dann wird er das Ergebnis ohne große Aufregung präsentieren.

Falls Sie einen Mann haben, der beim Grübeln überhaupt nicht mehr aus seiner Höhle herauskommt, dann ist er vielleicht nicht so erdig, wie Sie dachten. Denn die Erde grübelt nicht endlos, sondern findet auch Lösungen. Wenn Ihr Mann in seinen Gefühlen festzuhängen scheint, könnte dies ein Zeichen für Wasser sein. Wasser und Erde werden häufig verwechselt, weil beide Elemente Tiefe ausstrahlen. Sie erkennen den Unterschied aber klar daran, ob jemand mehr oder weniger emotional ist. Das bedeutet nicht, dass der Wasser-Mann im Gegensatz zu vielen anderen Männern schon gelernt hat, über seine Gefühle zu reden. Doch wenn er keine Lösung findet, dann hindern ihn meist seine Gefühle daran. Und das bedeutet, dass er in dem Moment eben nicht in dem Element Erde ist.

Die Erde beherrscht also ganze vier Gesten gut. Damit steht sie rein zahlenmäßig auf dem Siegertreppchen unter den Superhelden, was aber nichts daran ändert, dass die Erde auf Dauer langweilig ist. Sie ist ohne Frage souverän und stark und glaubwürdig und loyal, aber auf Dauer fehlen reiner Erde die Lebensfreude, die Emotionen, die Abenteuerlust.

Deswegen betone ich in Rhetoriktrainings, dass es nicht schlau ist, ständig im Hochstatus zu sein. Natürlich ist es schön, wenn Sie Stärke ausstrahlen und sofort als Rudelführer akzeptiert werden, sobald Sie einen Raum betreten. Doch es gibt viele Gesprächssituationen, bei denen der Hochstatus kein guter Ratgeber ist. Und zwar bei allen Gesprächen, wo es um Emotionen geht und auch gehen soll. Wie zum Beispiel bei Liebeserklärungen, bei Mitarbeitergesprächen – bei allen Gesprächen, wo eine Nähe zum Gegenüber aufgebaut werden soll. Darin ist die Erde ein Verlierer.

Auch die Leichtigkeit liegt der Erde nicht. Wenn Sie sich gerne mal spontan ins Auto setzen, um nach Paris zu fahren und dort auf den Eifelturm zu steigen, dann würde die Erde nach dem Warum fragen. Und vermutlich wäre sie für so ein unvernünftiges Unterfangen auch nicht zu haben. Die Luft würde sofort »hier!« schreien, und auch Wasser hätte Spaß an den einmaligen emotionalen Erlebnissen. Feuer käme mit, wenn es seine Idee wäre oder zumindest klargestellt wird, dass seine Anwesenheit unverzichtbar sei, weil er eine Hauptrolle bei diesem Spontan-Ausflug erhält.

Den Hochstatus bekommen Sie, wenn er gebraucht wird, sowohl in der Erde sehr gut hin als auch im Feuer. Wobei er in der Erde solide rüberkommt und im Feuer eventuell etwas arrogant.

Der Erde-Supermann ist somit sehr souverän und perfekt für Konflikte und Verhandlungen. Doch sobald es um Emotionen geht, braucht er Hilfe von der Wasser-Superfrau. Sobald es um Leidenschaft geht, kann ihn der Feuer-Supermann unterstützen. Und sobald es um Leichtigkeit geht, ist die Luft-Superfrau ihm eine große Hilfe. Wenn Sie als Erde-Typ die Gesten in den anderen Elementen üben, werden Sie auch ein emotionales Problemgespräch mit Ihrer Frau aushalten, Ihren Chef leidenschaftlich von einer neuen Idee überzeugen und mit Ihren Kunden oberflächlichen Smalltalk führen können.

Stärken und Schwächen der Wasser-Superfrau

Die Wasser-Superfrau lebt ihre Stärken in der Innenraum-Geste aus. Wenn ich auf der Bühne spontan anfangen will zu heulen, dann gehe ich in Wasser und in die Innenraum-Geste. Damit fließen die Tränen fast von allein. Wobei es natürlich nicht nur ums Weinen geht, sondern viel mehr um die Macht der Emotionen. In Konflikten sind sie hinderlich, aber nicht in mitfühlenden Mitarbeitergesprächen, wenn Sie Komplimente machen und deutlich zeigen möchten, wie wichtig Ihnen dieser Mitarbeiter ist.

Sie haben vielleicht schon in Trainings gehört oder in Büchern und Magazinen gelesen, dass Sie nur dann eine solide Verbindung zu einem anderen Menschen aufbauen können, wenn Sie über die Beziehungsebene gehen. Die kann selbst bei Konflikten helfen, denn von Freunden nehmen wir negatives Feedback leichter an als von Menschen, die wir gar nicht mögen. Wenn Ihnen jemand auf der Straße sagte, dass Sie aber aggressiv seien, dann würden Sie demjenigen wahrscheinlich einen Vogel zeigen. Zumindest innerlich. Wenn ein guter Freund das aber bestätigt, dann denken Sie zumindest mal darüber nach.

Jeder Mensch möchte sich geliebt fühlen. Jeder. Auch ein Erde-Typ. Und mit den tiefen Emotionen des Wassers zahlen Sie genau auf dieses Konto ein. Sie sehen den anderen Menschen mit seinen Emotionen, Sie fühlen mit, Sie haben absolutes Verständnis für seine Sichtweise und schaffen dadurch Nähe. Ich weiß, dass manche vor dem Begriff »Liebe« zurückschrecken. Dieses Wort hat viele Synonyme bzw. sehr enge Assoziationen, und vielleicht können Sie mit einem dieser Begriffe in diesem Zusammenhang mehr anfangen: Respekt, Anerkennung, Sichtbarkeit, Wertschätzung, Akzeptanz. Mit Wasser können Sie all das bedienen. Sie stärken die Beziehungsebene und schaffen dadurch eine gute Bindung zu Ihren Freunden, Ihrer Familie, Ihren Kollegen und auch lieben Bekannten.

Leider reißt Wasser die Wand häufig selbst wieder ein, die sie gerade mühsam aufgebaut hat, indem sie manchmal zu emotional wird. Wasser schwimmt in Emotionen wie ein Delphin. Stark, wendig, geschmeidig, souverän. Daher möchte Wasser manchmal gar nicht, dass es einem Freund wieder gutgeht. Nicht, weil Wasser es ihm nicht gönnen würde. Es geht vielmehr darum, dass das Wasser dann erst einmal seine Basis in dieser Beziehung verliert und wie ein gestrandeter Fisch nach Luft schnappt. Leichtigkeit liegt dem Wasser nicht, sofern sie keine Beilbauchsalmler sind. Das sind Fische, die eine kurze Strecke fliegen können, indem sie mit ihren flügelartigen Flossen schlagen. Aber auch dieses Flugglück ist immer nur von kurzer Dauer. Ein Fisch bleibt ein Fisch. Und der hält sich gerne in seinem Element Wasser auf.

Als Wasser-Typ können Sie die Leichtigkeit hinbekommen, wenn Sie in das Element Luft wechseln. Dadurch könnten Sie sich mitfreuen, wenn es einem Freund nach dem Ehe-Aus mit einer neuen Liebe wieder gutgeht.

Die Sympathie ist auch eine Stärke des Wassers. Harmonie ist diesem Element ganz wichtig. Genau diese fast schon Harmonie-Sucht führt dazu, dass Wasser selten Nein sagen kann. Hauptsache, der Frieden ist im Außen gewahrt. Wenn das

Wasser dann innerlich noch das Drama des Ausgenutztwerdens ausleben kann, ist der Fisch wieder in seinem Element.

Doch abgesehen von dem stetigen Streben nach Harmonie hat Wasser wirklich ehrliches Interesse an anderen Menschen, anderen Gefühlen, nach Nähe, nach Verbundenheit. Wenn Sie sich nach einer herzlichen, ehrlichen Umarmung sehnen, dann gehen Sie zu einem Freund, der Wasser ist. In einer Beziehung bekommen Sie vom Wasser die Gefühlstiefe, die Sie bei der Erde vermissen.

Wenn es in Ihrem Unternehmen eine Personalabteilung gibt, dann werden Sie dort wahrscheinlich einige Wasser-Menschen vorfinden. Zumindest wäre es schön, wenn dort Wasser arbeiten würde, denn Feuer wäre kein guter Berater für Ihre Karriere und Ihre Belange. Luft würde viele persönliche Probleme zu oberflächlich angehen, und Erde fehlt die nötige Empathie, um sich auf jeden Mitarbeiter emotional einzustellen.

Wasser ist der Klebstoff zwischen den Menschen. Wasser ist die emotionale Stütze, die jedes Team braucht. Wenn eine Führungskraft mit sachlichen Argumenten nicht weiterkommt, dann gilt es, auf der Beziehungsebene eine Verbindung herzustellen. Wenn die Führungskraft dies nicht beherrscht, dann hat sie intern hoffentlich einen Assistenten, der diesen Bedarf bedienen kann. Besser wäre es jedoch, wenn die Führungskraft das selbst hinbekommt. Doch Wasser suchen Sie in Führungsebenen häufig vergeblich, weil viele meinen, dass man sich nur nach oben arbeiten kann, wenn man die Emotionen sozusagen im Griff hat. Das bedeutet so viel wie die Gefühle zu ignorieren oder zumindest hinter die Sachargumente auf den zweiten oder dritten Platz zurückzuschieben.

Wenn Frauen Führungspositionen bekommen, erlebe ich immer wieder, dass sie sich mit den männlichen Fähigkeiten nach oben gearbeitet haben und die weiblichen dabei im beruflichen Zusammenhang verkümmert sind. Was dazu führt, dass die Frauen ihre Führungsrolle ähnlich männlich ausleben wie die Männer. Damit haben wir nicht wirklich etwas gewonnen. Schön wäre es, wenn immer mehr Empathie Einzug in die Führung halten würde, auch auf Vorstandsebene. Die Zukunftsforscherin Faith Popcorn hat in ihrem Buch *Der Popcorn-Report* geschrieben, dass das Hierarchiedenken immer stärker in den Hintergrund treten wird und dem Beziehungsdenken die Zukunft gehört. Sowohl beruflich als auch privat. Das ist ein klares Signal dafür, dass Wasser, und somit eine der weiblichen Stärken, auf der Führungsebene in Zukunft das Sagen haben wird oder zumindest mitreden darf. Im Moment sind die Wasser-Typen meist noch die Zuarbeiter.

Auch die Zweifel-Geste kann Wasser recht gut. Denn Wasser wägt das Für gegen das Wider ab und trifft irgendwann eine wohl überlegte Entscheidung. Das dauert um einiges länger als bei einem Erde-Typen, da die Emotionen die Entschlussfreudigkeit hemmen. Doch nichtsdestotrotz ist es eine Stärke, weil das Wasser über Optionen nachdenkt und nicht hilflos panisch wird, wie Luft es tun würde. Erde trifft eine sachlich angemessene Entscheidung. Für Wasser sind Entscheidungen eher emotional. Daher wird es zwischen zwei Optionen hin und her pendeln und kommt auch mit einer Pro-und-Contra-Liste nicht weiter. Falls Wasser aus so einem Nachdenk-Strudel nicht herauskommt, kann es helfen, in die Erde zu wechseln. Mit weniger Emotionen liegt die Lösung häufig schnell auf der Hand. Doch es ist auch ein Vorteil, dass Wasser die Gefühle bei Überlegungen nicht komplett außen vor lässt. Wasser wird also bei finanziellen Engpässen nicht sofort sachlich über Kündigungen nachdenken, sondern vielmehr genau wissen, wie wichtig die Mitarbeiter sind, und wird eine Kündigung nicht leichtfertig aussprechen. Feuer wäre in diesem Fall der Status wichtiger als die Mitarbeiter. Das dicke Angeber-Auto für die Vorstandsebene wird erst gestrichen, wenn schon zig Mitarbeiter nach Hause geschickt wurden und gar nichts mehr geht.

Bei den Schwächen der Wasser-Typen steht klar die Antipathie an erster Stelle. Wasser mag keine Disharmonie und keine Abgrenzung. Am liebsten hätte sie verschwommene Übergänge anstatt klarer Strukturen. Wasser ist daher auch kein Freund von Regeln in einem Unternehmen. Zumindest nicht, wenn es den Sinn hinter den Regeln nicht versteht. Erde fühlt sich in den Regeln wohl, weil die klaren Strukturen Sicherheit geben. Wasser fühlt sich in der Strukturlosigkeit der Gefühle wohl, wo die Erde eher Reißaus nimmt. So hat jeder sein Fachgebiet, seine Kernkompetenz.

Wenn Sie in einem Unternehmen viele alte Regelwerke haben und viele Wasser-Typen als Mitarbeiter, kann es durchaus Sinn ergeben, in einem Meeting alle Regeln zur Diskussion frei zu geben. Die sinnhaften Regeln bleiben, und die sinnlosen werden entsorgt. Sobald dies nach langen, endlosen Verhandlungen geklärt ist, haben Sie Ruhe bei diesem Thema.

Das Feuer mag die Regeln übrigens auch nicht so gerne, wenn er ihnen folgen soll. In einer harten Struktur kann das Feuer nicht mit seiner Einzigartigkeit glänzen. Wobei Feuer es natürlich klasse findet, für andere Regeln aufzustellen. Und die Luft mag Regeln auch nicht so sehr, weil sie die Kreativität einschränken. Wobei die Luft sich beugt, wenn das ganze Team dafür ist, diese Regeln widerspruchslos weiterhin zu befolgen. Luft ist eben ein Teamplayer, und ein tieferer Sinn hinter einer Regel interessiert sie nicht.

Deuten ist auch keine Stärke des Wassers, weil sie dabei viel zu schwammig ist. Sie hat ein grobes Ziel vor Augen, doch das besteht eher darin, dass sich im Hier und Jetzt alle wohl fühlen, nicht in einem klar gesteckten Ziel in der Zukunft. Einen Fünf-Jahres-Plan für ein Unternehmen hat sich bestimmt die Erde ausgedacht. Dort ist akribisch festgehalten, welche unternehmerischen Ziele erreicht werden sollen. Das würde Wasser nicht einfallen, weil ihr Ziel vielmehr wäre, dass sich in fünf Jahren alle gut fühlen. Das wäre Erde zu schwammig formuliert: Was bedeutet das, sich gut fühlen? Das kann Wasser nicht zufriedenstellend beantworten.

Feuer mag solche Zukunftspläne auch, solange sie dafür sorgen, dass er persönlich noch erfolgreicher, somit nach außen noch sichtbarer wird und noch mehr Bewunderer vor der Tür stehen. Ein Zukunftsplan, der nur dafür sorgt, dass in den nächsten Jahren die Effektivität der Unternehmensabläufe gesteigert wird, um mehr Geld zu sparen, das dann gespendet werden kann, wäre kein Ziel, für das sich Feuer begeistern könnte. Wenn Feuer spendet, dann redet er auch darüber und lässt sich vor der gesamten Presse mit einem großen Scheck fotografieren. Wenn Feuer etwas dafür tut, dass es den Mitarbeitern besser geht, dann nur, wenn die Mitarbeiter dies auch mitbekommen und ihn dafür noch mehr bewundern. Und wenn technische Abläufe im Unternehmen optimiert werden, dann ist Feuer nur dann dafür, wenn er nach erfolgreicher Umsetzung als innovativer Chef dasteht und Vorträge darüber halten darf. Feuer kämpft für sich und Wasser für die Mitarbeiter, die Kunden, die Umwelt und jeden, der es verdient hat. Wasser ist für Fairness, auch wenn sich Wasser schwer entscheiden kann, was nun fair ist, wenn er jede Emotion von jedem Menschen in jeder Situation gegeneinander abwägt.

Das alles sorgt dafür, dass die Mitarbeiter den Wasser-Typen sehr mögen, doch sie folgen dann doch eher der Erde oder dem Feuer, wenn die eine Richtung vorgeben. Das Deuten und somit die Zielvorgabe ist in Wasser einfach zu schwammig.

Über die neutrale Geste müssen wir kaum Worte verlieren, denn Wasser steht nun mal für Emotionen. Das Fehlen jeglicher Emotionen in der neutralen Geste ist für Wasser ein Ding der Unmöglichkeit.

Die Wasser-Superfrau kann mit ihren Emotionen punkten. Sie packt die Menschen bei ihren Gefühlen und spielt die Beziehungskarte voll aus. Sobald es um nüchterne Betrachtungen geht, braucht sie die Hilfe vom Erde-Supermann. Sobald es um gesunden Egoismus geht, vom Feuer-Supermann, und sobald es um mehr Kreativität geht, von der Luft-Superfrau. Mit Hilfe der anderen Elemente kann auch der Wasser-Typ in Verhandlungen klare Grenzen ziehen, privat für seine eigenen Interessen einstehen und mehr Leichtigkeit in den Alltag holen.

Stärken und Schwächen des Feuer-Supermanns

Der Feuer-Supermann spaltet die Gemüter. Einerseits ist er so charismatisch, dass er jede Frau und jeden Mann um den Finger wickeln kann, und andererseits stößt sein Egoismus viele wieder ab. Er kann nur zwei Gesten richtig gut und ist somit zahlenmäßig der Verlierer bei den Elementen, denn die Erde hat vier Gesten als Stärke, das Wasser drei und die Luft auch drei. Nur das Feuer bleibt mit zwei mickrigen Gesten zurück. Die füllt er allerdings so überzeugend, dass er damit alles andere wieder wettmacht.

Feuer ist in der Sympathie sehr gut. Nicht in der Art von Sympathie, wie sie das Wasser auslebt, denn das Wasser denkt dabei mehr an die anderen als an sich. Das Feuer denkt selbst in der Sympathie-Geste egoistisch. Doch wenn er einen persönlichen Nutzen daraus zieht, Sie zu begeistern, dann wird er es mit voller Leidenschaft tun. Daher ist er ein unglaublicher Ehepartner, solange er seine Frau als Wertsteigerung betrachtet. Dies muss sich nicht auf das Aussehen beschränken, denn wenn sie als Ratgeberin für ihn unersetzlich ist, dann kann er mit ihrem Wissen nach außen hin punkten, und das ist für ihn unbezahlbar. Solange dies anhält, wird er die schönsten Blumensträuße kaufen und die feurigsten Liebeserklärungen per E-Mail schicken. Er wird auch häufig ausgehen, um sich und seine Herzallerliebste zu präsentieren.

Ich kenne einen Feuer-Typen, der als Geschäftsmann diese Extravaganzen voll auslebt. Er hatte ein paar Jahre lang einen Butler, der ihm jeden Wunsch von den Augen ablas oder einfach alles erledigte, was das Feuer wollte. Andere Führungskräfte haben dafür eine Assistentin, die sie durch die Gegend scheuchen, aber er hatte einen Butler mit allem Drum und Dran, einschließlich der weißen Handschuhe. In Meeting-Pausen kam der Butler mit einem Glas frischem Wasser oder sogar einem Glas Sekt auf einem Tablett angelaufen und servierte es ihm. Wenn mein Bekannter gerne draußen essen wollte, organisierte der Butler ein Picknick nach feiner englischer Art mit allen Köstlichkeiten, die das nahegelegene 5-Sterne-Hotel zubereiten konnte. Und für diesen Anlass zog sich mein Bekannter auch gerne wie ein englischer Lord an, damit alles stilecht war. Gott sei Dank hat er auch einen hohen Wasser- und Luft-Anteil, und in der Kombination ist er ein sehr liebenswerter Mensch. Doch sobald er mehr im Außen als im Innen lebt und somit komplett Feuer ist, kann ich nur kopfschüttelnd zusehen.

Eine große Stärke ist, dass Feuer unglaublich überzeugend ist, wenn er für eine Idee brennt. Er ist derjenige, der Kunden überzeugt, das Budget zu verdoppeln. Er ist auch derjenige, der bei Netzwerkveranstaltungen humorvolle, unterhaltsame Geschichten erzählt und dadurch umschwärmt wird. Er ist derjenige, der ein Gespräch anführt. Sie brauchen sich keine Gedanken über Gesprächspausen zu machen, wenn Feuer dabei ist, denn mit ihm wird es die nicht geben. Feuer nutzte jede Lücke und jede Pause, um sich darzustellen. Da diese Selbstdarstellung meistens sehr unterhaltsam ist, treten alle anderen Elemente gerne mal in die zweite Reihe. Sie sollten bei Feuer allerdings stets genügend Zeit einplanen. Ich kenne einen Verlagsleiter, den ich nur anrufe, wenn ich ein Zeitfenster von zwei Stunden habe. Dann sind die Gespräche toll, und ich freue mich darauf, aber mit Zeitdruck im Nacken ist es weniger lustig.

Wenn Sie Feuer eine Bühne geben und ihm den Mittelpunkt lassen, dann ist er ein großartiger Chef, Mitarbeiter, Kollege, Ehemann, Freund, alles, was Sie wollen. Gespräche auf Augenhöhe dürfen Ihnen dann einfach nicht wichtig sein. Er steht auf der Bühne und Sie davor. Das ist die Rollenverteilung. Wenn Sie dies beherzigen, dann bekommen Sie jeden Mitarbeiter dazu, genau das zu erledigen, was Sie möchten. Er soll ein langweiliges Projekt übernehmen? Dann sagen Sie ihm, dass nur er das hinbekommen kann, Sie ohne ihn völlig aufgeschmissen sind, Sie seine Verdienste bei der nächsten Vorstandssitzung würdigen werden, ein Bonus auf ihn wartet und der neue repräsentative Firmenwagen schon bestellt ist. Das ist natürlich übertrieben, aber einen Punkt sollten Sie finden, an dem er für die getane Leistung seinen Applaus bekommt. Und zwar nicht nur von Ihnen, sondern von der gesamten Abteilung. Wenn Sie das schaffen, dann wird er glänzen und überzeugender sein als jeder andere Mitarbeiter.

Erde können Sie mit Statussymbolen kaum locken, das Wasser und die Luft auch nicht. Doch Feuer fährt voll darauf ab. Ein größeres Auto, eine teurere Uhr, ein maßgeschneiderter Anzug. Ich habe einen lieben Kollegen, der all das voll auslebt. Sein persönliches Logo leuchtet sogar in der Fußleuchte seines Autos auf, sobald er die Tür öffnet. Seine Manschettenknöpfe haben natürlich auch die Form seines Logos.

Solche Menschen haben den Slogan »Höher, schneller, weiter« erfunden. Nicht weil sie den Weg als Ziel sehen, sondern weil das Ziel ihnen die dringend benötigte Anerkennung bringt. In meinem beruflichen Umfeld treffe ich häufig auf Feuer-Typen, bei Frauen und bei Männern. Sowohl im Radio und im Fernsehen als auch in der Welt der Speaker und Redner. Feuer-Typen lieben diese Jobs, weil sie dann buchstäblich auf der Bühne im Mittelpunkt stehen, und nicht nur gefühlt. Ich will mich da gar nicht ausnehmen, da ich einen starken Feuer-Anteil in mir habe. Doch die verwundbare Wasser-Seite in mir fühlt sich in diesen Kreisen nicht wohl, und mein Luft-Anteil vermisst den uneigennützigen Teamgeist zwischen so vielen Feuer-Menschen. Mein Erde-Anteil ist nicht so ausgeprägt, doch wenn ich ihn rauslasse, dann würde er mich still und heimlich zum Ausgang ziehen und mir dringend raten, mich doch einzeln mit einigen Kollegen zu treffen. Denn im Privaten sind das häufig ganz sensible Wasser-Menschen oder dufte Luft-Typen.

Bei der unglaublichen Überzeugungskraft des Feuers ist es kein Wunder, dass er auch im Deuten gut ist. Wenn er behauptet, dass dieses Produkt das Beste ist, das es gibt, dann glauben die meisten ihm das auch. Wenn er sagt, dass dieser oder jener Weg optimal ist, dann folgen die meisten seinem Rat.

Dass die Innenraum-Geste nicht nach seinem Geschmack ist, kann bestimmt jeder nachvollziehen. Wenn er jemanden liebt, dann möchte er es laut in die Welt hinausrufen und will dieses Glück nicht nur still und heimlich zu Hause ausleben. Das erinnert mich an den Schauspieler Tom Cruise, der in den USA in einer Talkshow wild auf dem Sofa herumhüpfte, um zu zeigen, wie unglaublich verliebt er in seine damalige Flamme Katie Holmes war. Das war eine öffentlich Liebesbekundung. Natürlich beeindruckend für einen Lebenspartner, wenn er so etwas bei einem charismatischen Menschen erreichen kann, doch hauptsächlich geht es dem Feuer in dem Moment um das öffentliche Ausleben und Angeben und weniger um die Person, die er gerade umwirbt. Wenn es wirklich nur um die Person gehen würde, dann hätte Tom Cruise auch mit seiner Frau in einen stillen Wald gehen können oder in die Wüste, um dieses Glück hüpfend und schreiend zu zweit voll auszuleben. Doch er ist lieber in der Oprah Winfrey Show auf einem Sofa herumgesprungen. Wie Tom Cruise privat ist und wie er sonst seine Liebe zu Katie Holmes ausgelebt hat, weiß ich natürlich nicht, aber diese Aktion war typisch Feuer.

Innenraum passt auch deswegen nicht zum Feuer-Typen, weil er als egoistischer Mensch überhaupt kein Interesse daran hat, sich das Gefühlschaos anderer anzutun. Das fühlen, was alle anderen um ihn herum fühlen? Warum? Darin ist kein Mehrwert für ihn zu erkennen, und deswegen lehnt das Feuer dankend ab.

Zweifel ist keine hundertprozentige Schwäche von Feuer, aber auch keine Stärke. Vor allem nicht, wenn es um die Kommunikation geht. Denn Feuer zweifelt nicht wirklich, sondern überlegt nur, in welcher Reihenfolge er alles vereinnahmt. Damit er dies erreicht, macht er vor keiner Manipulation halt, und die Wünsche anderer stehen bei ihm an 59. Stelle. An 1 bis 58 steht er. Insofern ist er gut, wenn es darum geht, so schnell wie möglich alles zu vereinnahmen und an sich zu reißen, doch nicht, um herauszufinden, welche Option für das Team und für ein erfolgreiches Miteinander das Beste wäre.

Neutral? Feuer ist nicht neutral. Feuer hat zu allem eine Meinung und möchte sich nicht an den Rand stellen, um die Situation zu beobachten. Feuer ist gerne mittendrin, und zwar mit viel Präsenz und lautstark. Aus der Welt hinaustreten und sie ohne Bewertung beobachten? Da stellt sich dem Feuer wieder die Frage nach dem Warum. Was hat er davon? Nichts. Somit lässt er es sein. Wenn er einen persönlichen Vorteil darin sehen würde, dann würde er es für eine kurze Zeitspanne sicherlich hinbekommen. Dann sollte es sich aber auch wirklich lohnen.

Bleibt noch die Antipathie. Ein Seminarteilnehmer meinte mal, dass Feuer doch super in Antipathie wäre, weil sich das Feuer so herrlich aufregt und seine Emotionen auslebt. So betrachtet hat er natürlich Recht, doch mir geht es um die Kommunikation. Und Feuer hinterlässt nach einem Wutanfall verbrannten Boden, der sich nicht so leicht wieder kultivieren lässt. Da hilft häufig selbst der Charme nicht mehr, der hinterher nicht nur versprüht, sondern literweise ausgeschüttet wird.

Die Wut ist eine wichtige Emotion, und es ist auch wichtig, sie auszuleben. Doch dann bitte im stillen Kämmerlein. So mache ich es immer, wenn ich mich über eine Person oder eine Situation aufrege. Dann gehe ich nach Hause, stelle mir vor, dass diese Person vor mir stehen würde, und schreie sie an. Ich nehme dann auch kein Blatt vor den Mund. Ich schleudere der Person in Gedanken all meine negativen Gefühle entgegen und entzünde ein wahres Feuerwerk, das häufig reinigend wirkt. Danach geht es mir besser, die Vernunft kann wieder Raum gewinnen, und ich überlege mir in aller Ruhe, wie ich dieser Person klare Grenzen zeigen und ihr all das sagen kann, was ich sagen möchte, ohne den Flächenbrand zu entzünden. Sie können gerne mal ein Blatt Papier entzünden, aber nicht gleich das ganze Haus. Da Feuer dies nur schwer kontrollieren kann, ist es schlauer, bei jeglichen Konfliktsituationen das Feuer zu meiden und lieber in die Erde zu gehen.

Der Feuer-Supermann ist auf charmante Art und Weise überzeugend und kann Menschen um den kleinen Finger wickeln, wenn er darin einen persönlichen Vorteil sieht. Wenn es um echte Nähe und ehrliche Wertschätzung geht, dann braucht er die Hilfe von der Wasser-Superfrau. Geht es um souveränes Konfliktverhalten, hilft ihm der Erde-Supermann. Und wenn er ein Teil des Teams sein möchte, braucht er die Luft-Superfrau. Mit den anderen Elementen kann sich das Feuer dann in Beziehungen komplett öffnen, kann seine Ideen solide umsetzen und schafft es, entspannt in der zweiten Reihe zu stehen und andere glänzen zu lassen.

Stärken und Schwächen der Luft-Superfrau

Die Luft-Superfrau ist der gute Kumpel, die beste Freundin, einfach ein Mensch, mit dem jeder Spaß hat. Ihre Neugierde treibt sie in immer neue Länder, exotische Restaurants und neue Lebenssituationen. Die Luft könnte auch in einem Baumhaus leben oder in einem Wohnmobil. Das Neue ist ihr Lebenselixier. Und dazu passt das Deuten. Luft ist bereit für neue Abenteuer und sucht sie förmlich mit dem Blick. Deswegen entdeckt sie Kleinigkeiten, die sonst kaum einer wahrnimmt.

Ich habe neben dem Feuer und dem Wasser auch einen großen Luft-Anteil in mir. Vor einem Jahr war ich mit einer jungen Frau auf dem Weg ins Tonstudio. Sie ist eher der Erde-Typ. Doch ich war so aufgekratzt, weil ich an dem Tag einen meiner selbstkomponierten Songs aufnehmen wollte, dass ich komplett in der Luft war. Wir fuhren an einer Kirche vorbei, deren Kirchturm eigenartige, unregelmäßige Löcher im Mauerwerk hatte. Wir standen gerade an einer roten Ampel, daher schaute ich fasziniert den Kirchturm an und versuchte zu erraten, warum die Löcher wohl auf diese Art und Weise angeordnet waren. Meine Gedanken sprudelten ungefiltert aus mir heraus, und von der Erde-Dame neben mir bekam ich nur einen verständnislosen Blick. Sie konnte nicht nachvollziehen, warum mich das interessierte. Okay, es war nicht lange spannend, denn eine Minute später fuhren wir an einem Restaurant mit einem sehr ungewöhnlichen Namen vorbei. Ich kaute auch diesen Gedanken durch und fragte mich, warum das Restaurant wohl so hieß und was für eine Küche mich dort erwarten würde. Die Erde auf dem Beifahrersitz schaute wieder verwundert zu mir rüber, hielt aber den Mund. Und so ging es weiter. Ich entdeckte interessante Häuser, ungewöhnlich angezogene Menschen, einzigartige Schaufenster, und ich war begeistert. Hätte ich eine Luft-Frau an meiner Seite gehabt, dann wäre das eine sehr spaßige Fahrt gewesen. So war es eine nette Fahrt, und immerhin hat mir die Erde brav zugehört und mir meinen Raum gegeben.

Luft ist im Unternehmen die kreative Vordenkerin. Sie entdeckt und entwickelt Ideen und Produkte, die sich noch kein anderer vorstellen kann. Viele Hirngespinste bleiben Phantasie, weil sie in der Realität nicht umgesetzt werden können. Manche Ideen sind dafür so großartig, dass sie das Unternehmen enorm nach vorn bringen. Dafür wird die Luft geliebt und gehasst, denn die Luft begeistert sich ständig für neue Ideen und würde am liebsten jedes halbe Jahr eine neue Software im Unternehmen einführen. Das mögen weder die Erde-Mitarbeiter, die sich schwer an Neues gewöhnen, noch die Feuer-Mitarbeiter, die das für Zeitverschwendung halten, solange sie damit nicht angeben können, und auch die Wasser-Mitarbeiter haben keine Lust auf die Zeit, die sie brauchen, um sich in das neue Programm einzuarbeiten, denn sie haben ja den Tisch voll mit der Arbeit anderer. Luft kann dieses Desinteresse von den anderen Elementen überhaupt nicht verstehen. Sie begeistert sich für jede neue

App, für jedes neue technische Spielzeug, das auf den Markt kommt, und für jeden neuen Blickwechsel.

Diese Fähigkeit, sich auf Neues einzustellen und sich dafür zu begeistern, sorgt dafür, dass die Luft sehr sprunghaft wirkt. Bei kleinen Kindern finden wir es noch süß, wenn die an einem Tag Tierärztin werden wollen, am nächsten Polizistin und dann eine Woche später Reitlehrerin. Bei Erwachsenen sind wir skeptisch, wenn der Lebenslauf anstatt eines roten Fadens eine Ansammlung von unterschiedlichsten Berufen in unterschiedlichsten Ländern zeigt. Der Personalleiter denkt sich bei so einem Bewerber dann, dass dieser sich nicht entscheiden kann und dadurch vielleicht nicht ernsthaft an einer dauerhaften Anstellung interessiert ist. Schon möglich, doch wenn das Unternehmen der Luft viel Freiraum lässt, ihr ein lustiges Team zur Seite stellt und sie ordentlich mit immer neuen Aufgaben fordert, dann bleibt sie einem Unternehmen auch gerne jahrzehntelang treu.

Natürlich ist auch Sympathie eine Stärke der Luft, weil sie Menschen grundsätzlich mag und ehrliches Interesse an ihnen hat. Sie ist ein toller Kumpel, der jeden Spaß mitmacht. Sowohl beruflich als auch privat. Werden irgendwo Streiche ausgeheckt, steckt bestimmt die Luft dahinter. Häufig wird es dabei kindisch, weil die Luft dem inneren Kind viel Raum gibt, doch es geht nie darum, anderen ernsthaft zu schaden, sondern viel mehr um den Spaß an der Sache. Die Luft liebt es, mit anderen Menschen zusammenzuarbeiten.

Stecken Sie einen Luft-Mitarbeiter in ein Einzelbüro und geben ihm die Aufgabe, alleine kreativ zu sein, ist das für ihn gleichbedeutend mit Folter. Lieber möchte die Luft auf dem Fenstersims sitzen, den Laptop auf den Knien balancieren und die Füße frei in der Luft baumeln lassen, um die Freiheit zu fühlen und jederzeit neue Eindrücke aufsaugen zu können. Am liebsten zu zweit oder in einer größeren Gruppe. Gemeinsam mit einer Hand voll Leute im Park zu sitzen und über neue Ideen nachzudenken, würde die Luft glücklich machen. Das sieht von außen betrachtet natürlich aus, als ob die gar nicht arbeiten, aber nur auf den ersten Blick. Kreative, neue Ideen entstehen selten in einem eintönigen, grauen Büro mit steifer Atmosphäre in einem festgelegten Zeitfenster. Sie möchten als Vorgesetzter die Kreativität der Luft voll ausnutzen? Dann nehmen Sie in Kauf, dass die Luft auch mal auf der Parkbank oder von zu Hause oder von Spanien aus arbeitet, zu flexiblen Arbeitszeiten und mit mehreren Gleichgesinnten.

Das Team kann für die Luft nicht groß genug sein. Auf große Feiern gehen, 20 neue Menschen kennen lernen und dazu neue Musik, ungewohntes Essen und ein neues Lokal erleben zu dürfen, ist für die Luft ein Heidenspaß. Auch Netzwerkveranstaltungen liebt die Luft, weil sie dort ihrer Neugierde über den Smalltalk frönen kann. Sie zeigt ehrliches Interesse und Sympathie für jeden neuen Menschen und jede neue Meinung.

Doch so spaßig die Freundschaft mit der Luft ist, so ernüchternd kann es sein, wenn Sie mal links abbiegen wollen und hoffen, dass die Luft aus lauter Loyalität mitkommt. Die Luft ist wie ein Hirtenhund und hätte am liebsten, dass die gesamte Herde zusammenbleibt. Wenn aber ein Schaf ausschert, dann wird die Luft versuchen, das schwarze Schaf zur Herde zurückzutreiben. Wenn das nicht gelingt, geht die Luft mit der Mehrheit.

Erde hat nur wenige Freunde, doch die für immer und bedingungslos. Wenn der beste Freund links abbiegt, dann geht er mit. Einen Freund lässt man nicht im Stich. Dramatisch wird es, wenn dieser Freund im Alter wegstirbt, weil die Erde dann komplett alleine ist und auch keine Lust hat, sich neue Freunde zu suchen. Ich kenne einen älteren Herrn, der mir immer wieder erzählt, dass zwei Freunde im Leben ausreichen. Er hatte zwei Freunde, und auch wenn sie nun tot sind, waren sie die einzigen, die zählen. Diese Lücke kann keine neue Bekanntschaft füllen. Da redet er lieber in Gedanken mit seinen toten Freunden, anstatt sich auf die Suche nach einem neuen Freund zu begeben.

Wie die Luft hat auch das Feuer gern viele Freunde. Doch Feuer-Menschen darf es in einer Gruppe nur einen geben. Er möchte seine Freunde nicht teilen. Alle sollen ihn und niemanden sonst bewundern.

Wasser hat bei aller Menschenliebe hauptsächlich Wasser-Freunde um sich herum. Alle anderen Elemente kann das Wasser zwar verstehen, aber in tiefen Gewässern fühlt sich Wasser am wohlsten, und dahin folgt nur ein Gleichgesinnter. Ab und an findet Wasser auch Feuer faszinierend, das geht allerdings auf lange Sicht selten gut, weil der Feuer-Typ schnell von der Anhänglichkeit genervt ist. Wasser kommt irgendwann auch dahinter, dass die Nähe nur von ihrer Seite ausgeht und das Feuer egoistisch ist.

Wenn die Luft auf einer Party auftaucht, dann ist Wasser ziemlich genervt, weil sich dadurch die Stimmung ändert und ihre bisherigen Gesprächspartner lieber mit der Luft lachen, als mit ihr über chronische Krankheiten, lästige Nachbarn und Mobbing am Arbeitsplatz zu reden. Wenn jemand ein Problem hat, dann rennt er zum Wasser, aber auf Partys ist die Luft definitiv beliebter.

Im Gegensatz zum Feuer hat die Luft kein Problem mit der zweiten oder dritten Reihe in einer Gruppe. Das Team zählt, und nicht die Anerkennung der einzelnen Leistung. Deswegen finden Sie Luft-Menschen auch häufig in Mannschaftssportarten oder Vereinen. Dort kann die Luft ihre Sympathie voll im Wir-Gefühl und Teamgeist ausleben.

Dass die Luft kein Problem damit hat, sich zurückzunehmen und in die zweite Reihe zu treten, deutet schon an, dass die Neutral-Geste eine Stärke der Luft ist. Sich die Welt einfach mal nur ansehen und neue Eindrücke aufnehmen, ohne sie sofort in Gut und Böse zu kategorisieren, bekommt die Luft prima hin.

Antipathie ist dagegen eine Schwäche, denn einfach nur zu schmollen schlichtet keinen Streit. Bei Verhandlungen ist die Luft schnell beleidigt, wenn sie nicht das bekommt, was sie sich erhofft hat. Mit klaren Argumenten oder Sprechpausen Stärke zu demonstrieren, wie es die Erde in solchen Fällen macht, kommt ihr gar nicht in den Sinn. Rhetorisch ist Luft nicht so stark, und die besten Antworten fallen ihr stets eine halbe Stunde später ein.

Ein großer Vorteil der Luft ist, dass sie nicht nachtragend ist. Wenn ihr ein Job oder ein Projekt weggeschnappt wird, dann ist die Luft ein paar Tage oder Wochen sauer, doch danach arrangiert sie sich mit der neuen Situation und passt sich an. Feuer ist in so einem Fall noch über den Tod hinaus nachtragend. Wahrscheinlich würde noch auf seinem Grabstein stehen, dass Herr Johannsen ihm 2016 einen Job weggeschnappt hat. Die Erde ist auch nachtragend, würde aber keinen großen Aufriss machen, sondern Herrn Johannsen in Zukunft einfach mehr oder weniger ignorieren. Und Wasser ist schnell versöhnlich gestimmt, wenn Herr Johannsen ihr die Umstände erklärt, die zu dem Projekt- oder Job-Klau geführt haben. Wenn Wasser die Gründe versteht, ist der Groll schnell verflogen.

Auch wenn Antipathie keine Stärke der Luft ist, so können Sie das Element dennoch dafür nutzen, etwas mehr Leichtigkeit in eine Situation zu bringen. Wo Luft ist, da wird meistens gelacht. Und wo gelacht wird, da strömt mit dem Lachen die Anspannung aus dem Körper.

Bei der Zweifel-Geste hat die Luft eine klare Schwäche. Bei einer Filmfigur kann das panische Hin- und Hergezucke, das

Zweifel bei der Luft auslöst, fraglos ganz lustig sein. In der Kommunikation bringt es aber leider wenig. Wenn die Luft ernsthaft anfängt zu zweifeln, wäre es schlauer, die Erde zu aktivieren. Sonst kann der Einkauf oder die Entscheidungsfindung zu einer unendlichen Geschichte werden, die allen Beteiligten die letzten Nerven raubt.

Fehlt noch die Innenraum-Geste mit den vielen Gefühlen. Natürlich ist die Luft zu vielen Gefühlen in der Lage, doch die sind häufig flüchtig. Auf einer Kundenveranstaltung lacht er an einem Stehtisch noch mit dem einen Kunden, um kurz darauf mit dem nächsten Kunden am gegenüberliegenden Stehtisch um dessen kürzlich verstorbene Katze zu trauern. Sie werden von der Luft selten hören, dass etwas sie nicht loslässt und sie sich deswegen nicht auf das neue Gespräch konzentrieren kann. Das würde vielmehr das Wasser sagen, aber die Luft ist stets daran interessiert, etwas Neues zu erleben, ohne sich jemals in etwas zu verlieren. Neues gibt es da draußen im Überfluss. Warum sollte die Luft sich dann mit überwältigenden Gefühlen ins Innenleben zurückziehen? Vielleicht mal für ein paar Minuten oder eine halbe Stunde, aber dauerhaft wird die Neugierde an der Außenwelt siegen. Das trägt auch dazu bei, dass die Luft nicht nachtragend ist. Es macht einfach viel mehr Spaß, im Außen Neues zu erleben, als im Inneren verlorenen Chancen nachzutrauern. Etwas hinter sich lassen und somit emotionale Grenzen ziehen kann die Luft ganz hervorragend.

Die Luft-Superfrau ist ein spaßiger, lustiger Weggefährte. Sicherlich kann die Luft manchmal mit ihrer hyperaktiven Art nerven, weil sie das Wort Ruhe nicht mal buchstabieren kann, doch dafür wird es nie langweilig.

Wenn es allerdings um sachliche Problemanalysen geht, dann hilft es ihr, den Erde-Supermann zu aktivieren. Geht es um trostspendende Gespräche mit einem Freund über einen längeren Zeitraum, hilft ihr die Wasser-Superfrau. Und wenn sie bei einer Präsentation die Bühne rocken möchte, dann hilft der Feuer-Supermann. Mit Hilfe der anderen Elemente kann die Luft dann auch strukturiert denken, sich über einen längeren Zeitraum tiefen Gefühlen hingeben und sich souverän in den Mittelpunkt stellen.

Die Stärken und Schwächen der Elemente im Überblick

Die Stärken und Schwächen unserer vier Superhelden lassen sich klar skizzieren: Der Feuer-Supermann ist der coole Sprücheklopfer unter ihnen, während der Erde-Supermann mal kurz die Welt rettet, die Wasser-Superfrau mit ihrer einfühlenden, emphatischen Art punktet und die Luft-Superfrau eine wahnwitzige-geniale Idee nach der anderen hat.

Alle zusammen bilden ein ebenso unschlagbares wie unterhaltsames Team. Erinnern Sie sich noch an das A-Team? Das war eine amerikanische Fernsehserie, in der ein Team aus vier Spezialisten, die unterschiedlicher nicht hätten sein können, sich unmöglicher Missionen annahm. Da gab es einmal den wortkargen und starken B. A., der häufig in Erde war. Dann den verrückten Murdock, dessen unglaubliche Ideen häufig nicht funktionierten, aber manchmal auch alle aus einer brenzligen Situation retteten, wenn normale Maßnahmen eben nicht mehr fruchten wollten. Murdock war meistens im Element Luft. Hannibal war der Anführer und eine Mischung aus Erde, Feuer und auch Wasser. Er war häufig die mitfühlende Seele des Teams. Und dann war da noch Face, der charismatische Womanizer, der meistens in Feuer war. Dadurch ergab sich eine abwechslungsreiche Serie mit vier völlig unterschiedlichen Hauptdarstellern, die fünf Jahre lang erfolgreich lief und noch heute auf einigen Kanälen gesendet wird.

Dieses Muster gibt es nicht nur beim A-Team: Schauen Sie bei jeder beliebigen Serie genauer hin. Wenn sie über einen längeren Zeitraum funktionieren soll, dann werden alle vier Elemente in zentralen Rollen bedient. Dadurch kommen die Lacher, dadurch kommen die Konflikte, dadurch entstehen die Dramen. Was uns im beruflichen Alltag oder auch privat zum Wahnsinn treibt, sorgt überspitzt in Serien und Kinofilmen für großartige Unterhaltung.

Wenn es in einem Film oder einer Serie nur zwei Hauptrollen gibt, dann sind auch die meistens komplett unterschiedlich. Entweder Erde und Luft oder vielleicht Feuer und Wasser. Wenn beide Hauptcharaktere im selben Element angelegt wären, dann gäbe es ja gar keine Konflikte, kaum Missverständnisse in der Kommunikation, Harmonie pur – und wer will das sehen? Die Auflösung oder Versöhnung ist im Film doch erst dann so richtig schön, wenn die Krise vorher umso heftiger war. Und selbst wenn bei einer romantischen Verfilmung von Rosemunde Pilcher die Liebespaare sich emotional gleichen wie ein Ei dem anderen, dann gibt es bestimmt eine wichtige Rolle der bösen Schwiegermutter oder des bösen Ex-Partners. Die Harmonie und das Verständnis, die wir uns privat in der Kommunikation wünschen, sind in der fiktiven Welt des Films unerwünscht.

4. Herr Stegmann lernt ein neues Element

Entspannt lehnt sich Herr Kraft zurück und dreht seinen Bürostuhl um 180 Grad, um den Blick in die Ferne schweifen zu lassen. Er ist sehr zufrieden mit sich. Zuerst war er noch skeptisch, ob Herr Stegmann überhaupt ein Seminar braucht. Doch dann hatte er bei der monatlichen Zusammenkunft im Rotary Club einen Kurzvortrag von der Kunze über die Elementaren Kommunikationstypen gehört und gedacht: Das wäre genau das Richtige für Ulrich Stegmann.

Und er hat Recht behalten. Ein zufriedenes Grinsen huscht über sein Gesicht. In den ersten Wochen hatte der Stegmann noch jedes Mal mit versteinerter Miene reagiert, wenn er ihn auf das Seminar ansprach, aber nun bemerkt Herr Kunze erste Fortschritte. Letztens hat er mitbekommen, wie der Stegmann sich längere Zeit sehr wertschätzend mit Frau Winter unterhielt. Das hatte es bis dahin noch nie gegeben, denn der Stegmann und die Winter sind wie Feuer und Wasser.

Und mit diesem Gedanken trifft Herr Kraft genau ins Schwarze.

Vier Stockwerke tiefer sitzt auch Herr Stegmann zufrieden an seinem Schreibtisch. Er schreibt seinen wöchentlichen Bericht an Frau Kunze. Zwei Monate ist das Seminar nun schon her, und seine Abneigung hat sich langsam in Begeisterung gewandelt. Wobei die ersten Versuche noch recht holprig waren. Er erinnert sich, dass er vor fünf Wochen bei seinem Kunden Schmidt bewusst seriös auftreten wollte und deswegen in Erde ging. Er betrat das Büro von Herrn Schmidt, und der fragte: »Na? Wie geht's?« Stegmann überlegte kurz und sagte: »Gut.« Danach entstand eine lange Pause, weil Herr Schmidt wohl dachte, dass er noch weiterreden würde, doch Stegmann war fertig.

Daraufhin startete Herr Schmidt den nächsten Versuch: »Haben Sie denn einen Parkplatz in der Nähe gefunden? Das ist hier gar nicht so einfach, ab zehn Uhr sind immer alle Parkplätze belegt.« Stegmann überlegte kurz und sagte: »Ja.« Wieder Schweigen. Die Smalltalk-Falle hatte aufs Neue zugeschnappt, und Stegmann war bewusst geworden, dass es wohl schlauer gewesen wäre, erst nach dem obligatorischen Smalltalk in das Element Erde zu gehen. Alles zu seiner Zeit.

Zwei Wochen später war der Schmidt mit seinem Beraterteam zur Kraft GmbH gekommen, und Stegmann hatte einen neuen Versuch starten können. Dieses Mal ging er bei der Begrüßung bewusst in Luft: »Wie schön, dass Sie da sind. Herr Kraft kommt auch gleich. Möchten Sie etwas trinken?« Sie wollten, und Stegmann gab die Bestellung schwungvoll an die Empfangsdame weiter. »Und wie war Ihr Wochenende?«

Stegmann kam sich bei der Frage äußerst albern und einfallslos vor, doch Alois Schmidt fiel das gar nicht auf. Begeistert erzählte er, dass er sich mit seiner Frau E-Trikes gekauft hätte. Das waren elektrische Liegefahrräder, und bei dem tollen Wetter am Wochenende hatten sie eine große Runde gedreht und die Dinger ausgiebig getestet. Dabei war Stegmann eingefallen, dass er am Wochenende mit seinem Sohn Till Fußball gespielt hatte und das bei dem Wetter viel mehr Spaß gemacht hatte, als es bei Regen der Fall gewesen wäre. Er hatte also die Wetter-Vorlage von Herrn Schmidt angenommen und von dem Fußballspiel mit seinem Sohn erzählt. Stegmann war sich immer noch vorgekommen, als ob er mit so einem oberflächlichen Ping-Pong-Gespräch Zeit verschwenden würde, aber der Schmidt hatte ihm anerkennend auf die Schulter geklopft und gesagt: »Was wäre das Leben ohne unsere Kinder.« Danach hatte Herr Kraft den Raum betreten, und das Meeting hatte begonnen.

Gedankenverloren kaut Ulrich Stegmann an seinem Fingernagel, bevor er die nächsten Sätze für Frau Kunze in die E-Mail tippt: »Smalltalk ist noch immer nicht mein zweiter Vorname, aber immerhin kommen mir erste Ideen.« Er knabbert wieder an dem Fingernagel und wünscht sich, er hätte eine Nagelschere oder zumindest eine Feile dabei, aber die liegen natürlich alle praktisch zu Hause in seinem Badezimmer. Beim Gedanken an zu Hause muss er kurz auflachen. Bei seinem neunjährigen Sohn Till hatte er nämlich eines Abends auch das Element Luft ausprobiert und mit ihm herumgealbert, bis der Arzt kam. Nun ja, der Arzt war nicht gekommen, aber dafür Klara. Und die hatte sich furchtbar aufgeregt, weil Till nun viel zu aufgedreht gewesen war, um einzuschlafen. Sie hatten fast zwei Stunden gebraucht, um Till wieder zu beruhigen, damit er einschlafen konnte.

Luft ist bei kleinen Kindern kurz vorm Zubettgehen keine gute Idee. Als Klara ihn zur Rede gestellt hatte, hatte er ihr von seinem Experiment und den Elementen erzählt. Ihre einzige Reaktion war gewesen: »Dann lernst du ja vielleicht mal, mir anständig zuzuhören.« Und mit diesen Worten hatte sie sich genervt ins Badezimmer verkrochen.

Zuhören. Okay. Zuhören ist Wasser. Super. Schon steht das

nächste Experiment fest: In der nächsten Woche bewusst in Wasser gehen, wenn Klara ihm von ihrem Tag berichtet.

Immerhin hat er dieses Element schon mal bei Frau Winter getestet. Er hatte sie vor einer Woche beauftragt, eine Liste mit den günstigsten Holzlieferanten zusammenzustellen, die für einen fairen Handel stehen. Doch mal wieder, wie immer, hinkte sie mit der Arbeit etwas hinterher, und daher hatte sie ungefragt Versuchskaninchen spielen dürfen. Er hatte einen Schritt in ihr Büro gemacht und gleich wieder einen Schritt zurück, weil er fürchtete, von dem überwältigenden Rosenduft ohnmächtig zu werden. Nach ein paar Sekunden hatte er sich wieder gefangen, hatte den Besucherstuhl zu sich herangezogen, sich ihr gegenübergesetzt und innerlich gelächelt, weil sie ihn völlig verdattert angestarrt hatte. Bisher hatte er es vermieden, in der Höhle der Winter Platz zu nehmen, aber heute war Versuchskaninchen-Zeit. Er hatte Frau Winter durch den Gluck-Gluck-Blick hindurch angeschaut und war mit dem Besucherstuhl zu einer Einheit verschmolzen, bevor er sie gefragt hatte, warum die Liste noch nicht fertig sei.

Ihre Augen waren noch größer geworden, und sie hatte einige halbgare, entschuldigende Sätze mit den Schlüsselmotiven »Kind hat Grippe, Schwiegervater ist im Krankenhaus, und Nachbarschaftsstreit geht vor Gericht« gestammelt. Während er zugehört hatte, hatte er sich auf das schwankende Gefühl konzentriert, und tatsächlich hatte er nicht das Bedürfnis gehabt, ihre Sätze vollenden oder sachlich runterbrechen zu müssen wie sonst immer. Erstaunlich.

Er hatte sich sogar noch dazu hinreißen lassen, einen verständnisvollen Satz zu ihr hinüberschwappen zu lassen, und darum gebeten, die Liste so schnell wie irgend möglich fertig zu stellen.

Frau Winter hatte gestrahlt und sich voller Eifer sofort an die Arbeit gemacht. Nicht, dass diese dann ein paar Stunden später fertig gewesen wäre, aber nach einem Tag. Und das Zuhören war für Herrn Stegmann immerhin nicht ganz so grauenvoll gewesen wie sonst.

Wer hätte gedacht, dass so ein Gesten-Elemente-Blödsinn etwas bewirken könnte. Und genau diesen Satz schreibt er nun abschließend in die E-Mail an Frau Kunze. Bei aller Elementenlehre, Stegmann ist immer noch Stegmann.

Wer bin ich?

Wer sind Sie? Bevor Sie überlegen, was Sie verbessern könnten, wäre es doch schlau, herauszufinden, wer Sie überhaupt sind, meinen Sie nicht?

Welche Elemente leben Sie schon aus? Mit welchen Superhelden arbeiten Sie perfekt zusammen? Da zwischen Selbst- und Fremdwahrnehmung häufig ein bemerkenswert breiter Graben liegt, schlage ich vor, dass Sie sich diese Fragen nicht nur selbst beantworten, sondern auch Ihre Familie und Freunde dazu befragen. Zeigen Sie ihnen die Videos von den Gesten und Elementen. Danach können sie bestimmt grob einschätzen, welche Elemente Sie bisher am ehesten nutzen.

Bei Seminaren frage ich erst die Seminarteilnehmer B, C und D, was sie im Seminarteilnehmer A entdecken können. Danach folgt die Selbsteinschätzung von Seminarteilnehmer A, und dann folgt meine.

Wobei dies immer nur Momentaufnahmen sind, da wir selten jeden Tag in denselben Emotionen festhängen und uns über die Jahre natürlich weiterentwickeln. So bauen feurige, junge Männer im Alter häufig mehr Wasser in ihr Leben ein und blicken emotional auf ihr Leben zurück.

Ich weiß noch, dass ich mal eine Zeit durchlebte, in der

es mir sehr schlecht ging. Ich fühlte mich in meinem Leben, an dem Standort, mit der Berufswahl und allem Drumherum nicht wohl. Dadurch konnte ich mich nicht erden, weil ich in dieser Phase meines Lebens ja unbewusst gar keine Wurzeln schlagen wollte. Ich lebte eher die hektische Luft und das cholerische Feuer aus und stürzte mich, völlig überfordert von allem, in das emotionale Wasser. Natürlich wäre Erde sehr viel hilfreicher gewesen, doch dafür waren erst andere Veränderungen notwendig. Als ich dann einen neuen Wohnort fand und einen Job, in dem ich aufblühte, kam auch die Erde wieder wie selbstverständlich zurück.

Die äußeren Umstände und unser Seelenleben beeinflussen stark, welche Superhelden wir gerade nutzen oder auch bewusst ignorieren. Und das Spannende ist, dass Sie Ihre Stärken auch über die äußeren Umstände aktivieren können. Mir half es damals, mein Leben so zu verändern, dass ich wieder Spaß daran hatte, mich im Ist-Zustand zu verwurzeln. Und schon war die Erde wieder da. Falls auch Sie sich im Leben mehr erden wollen, könnte es Ihnen helfen, sesshaft zu werden mit einem eigenen Haus inklusive Garten. Oder auch mit einer Wohnung mit Balkon. Oder Sie entscheiden sich endlich für eine Frau, anstatt ständig parallel mit zehn Frauen gleichzeitig zu flirten.

Falls Sie allerdings gerne weiterhin auf der Überholspur leben und somit im Außen nichts ändern wollen, dann üben Sie einfach intensiv die Gesten in Erde, um auf diese Art und Weise etwas mehr Ruhe in Ihr Leben zu bekommen.

Manche erleben eine große Veränderung, wenn sie auswandern und auf einmal völlig neue Seiten an sich kennen lernen, die im bisherigen Alltag nicht gefordert waren. Manche ändern sich bei der Geburt ihres Kindes. Einerseits werden sie luftiger, weil ein Kind mehr Leichtigkeit ins Leben bringt, und andererseits viel emotionaler, weil es auf einmal einen

Menschen in ihrem Leben gibt, um den sie sich große Sorgen machen.

Wir sind ständig im Wandel. Wenn Sie herauszufinden versuchen, wer Sie sind, müssen Sie sich also nicht wie bei einem Horoskop für ewig und alle Zeiten festlegen, welches Sternzeichen Sie sind und welchen Aszendenten Sie haben. Bei den Elementaren Kommunikationstypen ist alles möglich. Ich möchte Ihnen damit helfen, sich selbst bewusster kennen zu lernen, und Ihnen ein Handwerkszeug reichen, mit dem Sie an sich arbeiten können, damit bisher schwierige Kommunikationssituationen Ihnen in Zukunft leichter fallen.

Wenn Sie einem Choleriker sagen, dass er mal sachlich werden soll, dann hilft das wenig. Denn er weiß selbst, dass seine in Rage vorgebrachten Beschimpfungen wenig nützen. Doch er kommt aus dieser Emotion nicht so einfach raus, es sei denn, er übt ab sofort die Gesten in Erde. Dann kann er in solchen Situationen innerlich den Erdklumpen fallen lassen, um dieses Gefühl zu aktivieren.

Auch für die Situationen, in denen Sie sich die berühmte dickere Haut wünschen, sind die sechs Gesten in Erde die Antwort, weil Sie dann viel sachlicher an Situationen herangehen können, die Sie bisher persönlich stark mitgenommen haben. Oder Sie üben die Luft, um mehr Leichtigkeit in Ihr Denken und Fühlen zu bringen und mit Neugierde an jedes neue Gespräch herangehen zu können.

Die Möglichkeiten sind vielfältig, und Fehler gibt es nicht. Häufig scheuen sich Teilnehmer, die Selbsteinschätzung laut zu äußern. Denn was wäre, wenn die in eine völlig falsche Richtung geht?

Ja, was wäre dann? Gar nichts. Sie denken, dass Sie Erde sind, aber dabei sind Sie eher der Wasser-Typ? Was übrigens bei Männern häufig vorkommt, da die meisten spontan gerne Erde wären. Dabei sind viele hauptsächlich Wasser oder eine

Mischung aus beidem, was ein Teilnehmer mal Schlamm nannte.

Was passiert also, wenn Sie denken, Sie würden die Erde schon voll ausleben, aber sind im Prinzip der Wasser-Typ? Dann können Sie leider noch nicht ihre wahren Stärken erkennen. Aber wenn Sie in einen Konflikt geraten, dann wissen Sie nun – auch ohne die Selbsteinschätzung –, dass hier die Erde gefragt ist. Also werden Sie bewusst an die Erde denken. Ob Sie nun als Erde-Typ an die Erde denken oder als Wasser-Typ die Erde aktivieren, spielt keine Rolle, das Ziel ist dasselbe. Machen Sie sich also nicht zu viele Sorgen, und gehen Sie spielerisch ans Werk, wenn Sie beginnen, an sich selbst zu arbeiten. Bereit, die Gesten für sich zu nutzen? Dann los.

Einsatzbereiche

Ich rate stets, die Elemente privat zu üben, aber dann beruflich umzusetzen. Die Lehre der Elementaren Kommunikationstypen ist ein machtvolles Werkzeug. Deshalb möchte ich einmal deutlich darauf hinweisen, dass es nicht dazu da ist, um die Menschen in Ihrem Umfeld zu veräppeln. Das ist vielleicht eine Zeitlang sehr lustig, doch auf Dauer vergraulen Sie damit Ihre Mitmenschen.

Als ich damals merkte, dass ich ein Talent für Schauspiel hatte, probierte ich mich bei jeder passenden und unpassenden Gelegenheit aus und testete, wie weit ich in einem Gespräch gehen konnte; welche absurden Lügen mir meine Freunde noch glauben würden. Es ging mir dabei nicht darum, dass ich meine Freunde verletzen wollte. Ich hatte nur so eine Lust, mich auszuprobieren und festzustellen, ob es überhaupt irgendwelche Grenzen gibt oder ich jedem alles weismachen kann. Diese Neugierde konnten meine Freunde zwar verstehen, doch trotzdem bekam ich ab einem gewissen Punkt von den meisten absolutes Spielverbot, weil sie mir gerne weiterhin vertrauen wollten. Sie möchten mir schließlich sofort glauben können, wenn ich ihnen etwas erzähle, und sich nicht im Hinterkopf fragen müssen, ob dies wieder eine Spielerei von mir sei.

Ein Freund sagte mir damals, dass er überhaupt nicht mehr wisse, wer ich sei, seitdem er festgestellt hatte, wie gut ich ihm sämtliche Emotionen vorspielen konnte. Das rüttelte am Vertrauen und schuf eher Distanz, weil er sich danach ständig fragte, ob das nun die echte Isabel war oder ob ich gerade spielte.

Dieses Feedback habe ich mir sehr zu Herzen genommen, und seitdem setze ich die Techniken nur noch wertschätzend ein und nicht mehr, um mich egoistisch auszutoben. Nutzen Sie sie privat und beruflich, um die Kommunikation zu verbessern – und bitte nicht, um Freunde, Bekannte und Kollegen hinters Licht zu führen.

Es geht in der Kommunikation nicht darum, immer zu gewinnen. In einem Training hatte ich einen Mann, der mir erzählte, dass er beruflich schon 95 Prozent aller Gespräche gewinnen würde, aber er würde gerne die 100 Prozent schaffen. Ich war im ersten Moment sprachlos. Und dann erklärte ich ihm, dass das Leben so nicht funktioniert. Mal gewinnen wir, und mal verlieren wir. Das ist ein fairer Austausch an Gewinnsituationen, und wenn er bei Verhandlungen immer und ausnahmslos gewinnen würde, dann hätte er bei niemandem etwas gut.

Stellen Sie sich vor, Sie verhandeln stets die besten Preise für Ihr Unternehmen. Und dann kommen Sie in eine Notlage, bei der Sie nun andere um Hilfe bitten, Ihnen preislich ausnahmsweise noch weiter entgegenzukommen, damit Sie diese Schieflage beruflich überleben. Warum sollten die anderen Ihnen entgegenkommen, wenn Sie Ihrerseits nie entgegenkommend waren? Das Leben ist ein Geben und Nehmen.

Es ist klüger, auch dem anderen mal das größere Stück vom Kuchen zu gönnen, wenn die Situation es nun mal erfordert oder sinnvoll erscheinen lässt.

Ich habe dieses Kommunikationsmodell nicht entwickelt, damit Sie jederzeit zu 100 Prozent gewinnen, sondern damit Sie sich in jeder Situation so wohl wie möglich fühlen. Sei es beim Nehmen oder beim Geben, beim Gewinnen oder Verlieren.

Auch Pannen lassen sich nicht verhindern. Sie sind ein wichtiger Bestandteil im täglichen Leben und im ständigen Lernprozess. Auch wenn ein Feuer-Typ sich das wünschen würde, so gibt es kein Leben ohne Pannen. Nachhaltiges Lernen wäre ohne Pannen sogar kaum möglich. Wer möchte schon als Einzeller enden, nur weil er immer Pannen vermieden hat? Ihnen werden natürlich auch beim Einsatz der Elementaren Kommunikationstypen Pannen passieren. Nehmen Sie sie an und nutzen Sie sie, so wie Sie es auch als Kind getan haben, etwa als Sie lernten, Fahrrad zu fahren. Sie werden schnell feststellen, welches Element und welche Geste Ihnen am besten helfen, schwierige Situation zu überstehen. Versuchen Sie also nicht, Fehler zu vermeiden, sondern stürzen Sie sich voll rein. Mit jedem Versuch werden Sie schlauer.

Nach dem Feedback meiner Freunde habe ich mir vorgenommen, stets so echt und ehrlich wie möglich zu sein. Sowohl privat als auch beruflich. Trotzdem schadet es niemandem, wenn ich bei einem vernichtenden Feedback innerlich in die neutrale Erde gehe oder in die neugierige Luft. Rein von der authentischen Gefühlslage her hätte ich am liebsten angefangen zu weinen, doch das wollte ich vor dieser Person nicht tun. Es wäre kein Weltuntergang gewesen, aber ich wollte es nicht, und das war meine Entscheidung.

Ich habe nämlich viel mehr davon, wenn ich mich neugierig frage, wie dieser andere Blickwinkel und das vernichtende Urteil zu Stande kam. Mit der Neugierde holen Sie sich aus den Emotionen raus. Somit komme ich mit Luft aus dem Wasser, wenn ich die Emotionen nicht in aller Öffentlichkeit ausleben will. Ist dies nun gespielt? Zum Teil schon. Schadet es jemandem? Nein. Bin ich noch authentisch? Jein.

Ich finde nicht, dass wir ständig authentisch sein müssen. Das würde ja bedeuten, dass mich jeder Verkäufer anblaffen darf, weil ihm gerade die Frau weggelaufen ist, oder jeder Busfahrer aggressiv fahren darf, weil ihm die versprochene Gehaltserhöhung verweigert wurde. Ich möchte als Kundin gerne freundlich bedient werden und hätte gerne einen sicheren Fahrstil in den öffentlichen Verkehrsmitteln.

Das Gefühlschaos nach der verpatzten Ehe und der ausgebliebenen Gehaltserhöhung auszuhalten, ist der Job enger Freunde, nicht meiner. Es ist nur fair, einen Fremden nicht darunter leiden zu lassen, was im Leben gerade schiefläuft. Menschlich wäre Letzteres vielleicht, authentisch auch, doch wertschätzend auf keinen Fall.

Wenn der Verkäufer in diesem Fall nun einfach ein künstliches Lächeln aufsetzt und der Busfahrer betont vorsichtig fährt, dann schlittern sie natürlich komplett in die Unglaubwürdigkeit. Es geht nicht darum, in jeder Situation authentisch zu sein oder maximal zu schauspielern, sondern vielmehr authentisch zu *wirken*.

Es gilt also herauszufinden, wie Sie sich normalerweise fühlen, wenn es Ihnen gutgeht, und dies dann zu reproduzieren. Dann fühlen sich nicht nur die Menschen in Ihrem Umfeld wohl – auch Ihnen selbst geht es besser. Die Gesten und Elemente helfen dabei, denn in der Sympathiegeste werden Sie sich so fühlen, wie Sie sich normalerweise fühlen, wenn Sie glücklich sind. Nach der Konditionierung würde es reichen, dass der Verkäufer und der Busfahrer bewusst an die Geste denken, vielleicht noch mit dem Element Luft, und schon können sie nach außen authentisch wirken, auch wenn sie innerlich immer noch um die Frau und die Gehaltserhöhung trauern.

Weiterentwicklung

Halten Sie sich stets vor Augen, dass in Ihnen vier Superhelden schlummern. Und jedem einzelnen werden Sie Ihren persönlichen Stempel verpassen. Wenn ich Feuer fühle, dann ist es etwas völlig anderes, als wenn Sie das Feuer in sich aktivieren. Jeder Mensch hat andere Assoziationen zu dem Element, jeder hat andere Erfahrungen gemacht in seinem Leben, und der grundeigene Charakter wird sich in den Gesten und Elementen widerspiegeln. Das führt bei mir dazu, dass beim ersten Üben der Elemente alle brannten. Ich lebte zu der Zeit so stark mein Feuer aus, dass die Luft brannte und das Wasser und auch die Erde. Mein Schauspiellehrer meinte damals: »Kannst du bitte mal probieren, das Feuer bei den anderen Elementen rauszuhalten?« Mittlerweile lebe ich schon lange alle vier Elemente aus. Ist das unauthentisch? Nein, es ist ein Prozess, denn ich bin auch tatsächlich um einiges älter, ruhiger und reifer geworden und gebe dem Feuer nicht mehr so viel Raum. Ich liebe jedes einzelne Element in mir und empfinde alle vier zusammen als meinen derzeitigen, authentischen Grundcharakter.

Generell bekommen Personen zwischenmenschliche Probleme, wenn sie nur ihre männliche Seite ausleben, also nur Feuer und Erde sind. Aber auch die Personen, die mit Wasser und Luft nur das Weibliche ausleben, stehen schnell vor unerwarteten Herausforderungen. Die einen sind zu gesprächig, zu emotional und wollen zu viel Nähe, und die anderen sind zu distanziert, zu ich-bezogen und zu stark.

Die Gesellschaft lebt uns zwar in hohem Maße vor, wie ein typischer Mann und eine typische Frau zu sein haben. Dabei wäre eine gute Mischung der weiblichen und männlichen Anteile in jedem von uns weitaus konstruktiver. Sowohl ein männliches als auch ein weibliches Element konsequent auszuleben schafft Ihnen einen besseren Ausgleich. Also entweder Feuer und Luft oder Feuer und Wasser oder Erde mit Luft und Erde mit Wasser. Drei Elemente sind natürlich noch besser, und maximal souverän können Sie in Gesprächen agieren, wenn Sie alle vier Elemente beherrschen und einsetzen. Die typische Frau kann mit der Erde sachlicher werden und mit dem Feuer sich selbst feiern, und der typische Mann kann mit Wasser emotionaler werden und mit Luft mehr Wir-Gefühl entstehen lassen.

Wenn es Ihnen reicht, dass Sie inzwischen entdeckt haben, wer Sie sind und was für Stärken Sie haben – prima. Dann können Sie das Buch jetzt weglegen. Denn in den folgenden Kapiteln verrate ich Ihnen, wann die einzelnen Superhelden Hilfe von den anderen Elementen gebrauchen können. Ich zeige Ihnen einen Weg aus eingefahrenen Kommunikationsstrukturen. Damit gehen wir über die reine Kommunikation hinaus und in die Weiterentwicklung und das Persönlichkeitstraining hinein.

Ich möchte Sie gern einladen, dranzubleiben – auch wenn Sie mit sich so, wie Sie nun mal sind, vielleicht schon ganz zufrieden sind. Vielleicht wollen Sie nicht anders, aber Sie können auch anders. Und das kann sehr oft im Leben hilfreich sein.

Zum Beispiel versuchen viele nur Feuer und Erde auszuleben, weil sie dadurch vermeintlich an ein starkes Auftreten kommen. Kurzfristig klappt das auch, doch langfristig werden Sie nicht gut kommunizieren, wenn Sie die weiblichen Anteile in

Form von Wasser und Luft verdrängen. Jede Medaille hat zwei Seiten. Die Anspannung und somit Stärke geht auf Dauer nur, wenn Sie auch mal in die Entspannung und die vermeintliche Schwäche gehen. Selbst Profisportler trainieren nicht rund um die Uhr, weil sie den Muskeln mal eine Auszeit gönnen müssen, damit das Training anschließend noch effektiver ist. Durch die Pause, die Entspannung, die Massage, die Regeneration sind die Muskeln beim nächsten Training noch stärker. Jedes Gummiband, das Sie konsequent gespannt halten, wird irgendwann reißen. Die Lebensdauer erhöht sich allerdings ungemein, wenn Sie das Gummiband ziehen und wieder loslassen, wieder anspannen und anschließend entspannen, immer wieder, bis es flexibler geworden ist.

Egal, wie viele Elemente Sie täglich ausleben möchten: Ich rate Ihnen, sich mindestens für zwei zu entscheiden und dabei ein weibliches und ein männliches auszuwählen. Ich kenne einige Führungskräfte, die von Entspannungsphasen nichts halten und von Schwäche schon gar nichts, bis sie dann irgendwann mit einem Burnout in der Klinik landen. Wahre Männer reden sich das noch schön, indem sie scherzen, dass sie sich das Burnout erarbeitet hätten. Doch wenn sie erst mal in einem Sechs-Bett-Zimmer liegen und schon vom Gedanken ans Zähneputzen überfordert sind, dann ist das selbst für diese Zeitgenossen nicht mehr wirklich lustig. Stärke und Konsequenz ist schön und gut. Doch die weiblichen Elemente Luft und Wasser bilden den Klebstoff zwischen den Menschen. Sie stellen eine Verbindung her, was Erde und Feuer in der Form nicht können.

Wenn Sie nun anfangen, sich zu entdecken und weiterzuentwickeln, dann betrachten Sie sich bitte als gesamte Person. Sowohl privat, als auch beruflich. Es kann nämlich durchaus sein, dass diese beiden Seiten sich bei Ihnen spürbar unterscheiden. Vielleicht sorgt Ihr privater Anteil dafür, dass Sie stundenlang mit wachsender Begeisterung mit Ihrem Kind Sandburgen bauen, während Ihr beruflicher Anteil sich vielleicht viel Erde angewöhnt hat, weil in Ihrem Unternehmen eine dicke Haut vonnöten ist. Überlegen Sie umfassend, wer Sie wirklich sind und was Sie wirklich brauchen.

Einsortierung

Bevor wir loslegen, beschreibe Ich Ihnen noch einmal grob die einzelnen Elemente, damit Sie sich leichter einsortieren können.

Erde

Die Erde hat privat wenig Freunde, aber die bis zu Unendlichkeit. Erde ist schweigsam und hört lieber zu oder verkriecht sich mit der Zeitung ins Arbeitszimmer, wenn ihn der Besuch im Wohnzimmer zu sehr nervt. Wenn Einladungen zu Geburtstagspartys und Jubiläumsfeiern im Briefkasten landen, wirft er die meisten sofort in den Papierkorb, und nur bei einigen ausgewählten nimmt er die Qual des Feierns auf sich. Wobei es eher ein in der Ecke Stehen ist als ein Feiern. Erde geht auch frühzeitig, hat am Ende des Abends mit kaum jemandem geredet und getanzt schon mal gar nicht. Erde ist der zuverlässige Nachbar, der stets mit Rat und vor allem Tat zur Seite steht. Wenn er allerdings bei einer Diskussion findet, dass jemand Unrecht hat, dann bringt er seine Wahrheit sachlich, knackig und kurz auf den Punkt, was ziemlich dominant klingen kann. Die Erde liebt Regeln und klare Strukturen. Die Aussage, dass etwas immer schon so gemacht wurde und deswegen nicht geändert werden muss, kam bestimmt von einem Erde-Typen. Er mag Kinder am liebsten, wenn sie in einem Alter sind, in dem man vernünftig mit ihnen reden kann.

Die Erde hält sich bei beruflichen Diskussionen am Anfang

eher zurück, um sich einen Überblick zu verschaffen. Wenn die Erde sich eine Meinung gebildet hat, dann wird er diese souverän kundtun. Er spricht stets mit einem gedachten Gleichheitszeichen vor dem Satz. Pausen kann Erde entspannt aushalten und nimmt selten etwas zu persönlich, da Erde nur über wichtige Themen nachdenkt und unwichtige so gut es geht ignoriert. Die Erde mag keinen Smalltalk und hält sich auch bei Lästereien zurück.

Wasser

Das Wasser ist privat eine Drama-Queen. Katastrophen warten überall, und Wasser lebt sie voll aus, indem sie sich in jedes Problem hineinschaukelt. Probleme beleuchtet Wasser von allen Seiten, und wenn vom Umfeld zu schnell Lösungen angeboten werden, hat Wasser stets ein »Wenn« und ein »Aber« parat. Die Sprechweise des Wassers ist eher schleppend, mit vielen Denkpausen mitten im Satz, und Wasser betont hauptsächlich die Vokale, so dass die einzelnen Worte gedehnt klingen.

Das emotionale Eintauchen macht das Wasser zum beliebten Gesprächspartner, wenn Freunde ein Problem oder sonst etwas Wichtiges zu berichten haben. Wasser kann unglaublich gut trösten und für Freunde und die Familie da sein. Da Wasser nicht Nein sagen kann, steht seine Tür stets offen und das Telefon nie still. Dadurch wird das Wasser leicht ausgenutzt. Wobei Freunde auch mal genervt reagieren können, wenn das Wasser stets das einzige Haar in der Suppe findet und die Suppe deshalb dann auch ablehnt.

Beruflich ist das Wasser ähnlich gefordert. Da keiner so gut und emotional zuhören kann wie das Wasser, möchte fast jeder Kollege sein Seelenleben vor ihm ausschütten. Da das Wasser auch beruflich kaum Grenzen setzen kann, landet viel Arbeit der Kollegen auf dem Schreibtisch der Wasser-Frau. Bei Diskussionen findet das Wasser kein Ende, weil ihm stets noch neue Sichtweisen einfallen oder es sich emotional nicht für einen Blickwinkel entscheiden kann. Diese Fähigkeit, sich in andere hineinzufühlen und viele Sichtweisen zuzulassen, macht das Wasser zum perfekten Ansprechpartner bei Kundenproblemen. Die Empathie ist eine absolute Stärke des Wassers, wobei es im Team mit seinen vielen Einwänden eher die Bremse als das Gaspedal bedient.

Feuer
Feuer steht privat ständig im Mittelpunkt der Familie. Er redet gerne und häufig, und alle anderen Familienmitglieder kommen kaum zu Wort. Selbst wenn Freunde zu Besuch kommen, verfolgen diese eher einen Kinofilm mit dem Feuer in der Hauptrolle. In den Nebenrollen: das neue Motorrad, die Gehaltserhöhung und der nächste Luxus-Urlaub.

Wenn diskutiert wird, dann kann es heiß hergehen, weil Feuer nicht so schnell von seiner Meinung abweicht, und so manches Mal verabschiedet sich der Besuch mit knallenden Türen. Und doch kommen die Menschen immer wieder, weil es einfach Spaß macht, dem Feuer an den Lippen zu hängen und den spannenden Berichterstattungen zu lauschen. Wenn Feuer das Wohnzimmer betritt, füllt es den Raum und wird sofort von allen wahrgenommen.

Beruflich ist Feuer ein großartiger Redner und reißt gerne jede Diskussion und jedes Meeting an sich. Feuer denkt mehr an sich und spricht dementsprechend in der Ich-Form, als an das Team mit Äußerungen in der Wir-Form. Als Verkäufer verspricht er Kunden häufig das Blaue vom Himmel, ohne vorher abzuklären, was das Unternehmen wirklich leisten kann. Wie die Erde-Typen dies in der Abteilung dann wieder ausbügeln, ist dem Feuer schnuppe.

Feuer kann gut delegieren, vor allem wenn es um langweilige Aufgaben geht. Feuer konzentriert sich lieber auf die Herausforderungen, mit denen er glänzen und im Mittelpunkt stehen kann. Sie hören das Feuer schon von weitem an den hart aufschlagenden Fersen, wenn er den Flur entlanggeht. Beim Sprechen erkennen Sie Feuer daran, dass er beim Reden die Konsonanten stark betont, um mehr Schärfe in jedes Wort zu bringen.

Luft

Die Luft spielt privat für ihr Leben gerne. Sowohl mit Kindern in der Sandkuhle als auch mit Erwachsenen bei einem Spieleabend. Die Luft liebt das Abenteuer und mag es, wenn sich jeden Tag die Welt ein kleines bisschen weiterdreht und verändert.

Die Luft hat häufig ungewöhnliche Ideen, die nicht selten absurd sind, manchmal allerdings auch genial, und jedes Mal Spaß versprechen.

Die Luft ist ungern allein und hat daher gerne bei allen möglichen Aktivitäten die gesamte Familie und auch Freunde mit dabei.

Durch die vielen neuen Eindrücke ändert die Luft gerne mal ihre Meinung. Wenn sie erzählt, spricht sie ohne Punkt und Komma mit einer eher hektischen Atmung.

Beruflich wird die Luft beim Gehen kaum gehört, weil sie hauptsächlich die Ballen und Zehenspitzen belastet. Dafür fällt die hohe Stimmlage umso mehr auf, ebenso wie das unaufhörliche Geplapper.

Auch beruflich ist der Luft das »Wir« wichtiger als das »Ich«. Luft ist unglaublich kreativ und gut in einem Arbeitsbereich, den sie spannend findet. Der ewig gleiche berufliche Trott ist für Luft eine Qual. Die Luft liebt Smalltalk und Businesstalk.

Jedes Element hat seine Vor- und Nachteile. Und Sie können entscheiden, dass Sie sich ab sofort auf die Vorteile Ihrer Elemente konzentrieren. Wenn ein Nachteil sich breitmachen will, dann wechseln Sie einfach in ein anderes Element, bei dem Sie sich wohl fühlen. Dadurch bekommt die gesamte Kommunikation etwas Spielerisches, und Sie können Ihre Stärken proaktiv nutzen, anstatt sich von den Nachteilen treiben zu lassen.

Wenn Sie einen hohen Feuer-Anteil in sich tragen und bei Konflikten schon mal die Teller fliegen, dann gehen Sie in solchen Situationen doch lieber in die Erde. Das schont Ihr Geschirr und das Miteinander. Denn in der Erde fühlen Sie sich nicht mehr so leicht persönlich angegriffen, cholerische Anflüge können verfliegen, und Sie treten in Konflikten viel souveräner auf.

Oder wenn Sie sich manchmal in ein Problem hineinsteigern und keinen Ausweg finden, also Ihren Wasser-Anteil voll ausleben, dann gehen Sie doch in das Element Luft. Schon verschwindet die Dramatik, Sie fühlen sich leichter, und dadurch sehen Sie plötzlich viele gute Lösungsansätze, die Ihnen aus diesem Tief heraushelfen können.

Damit Sie wissen, wann ein Wechsel sinnvoll wäre, um noch besser und souveräner zu kommunizieren, zeige ich Ihnen in den nächsten Kapiteln, wo welches Element an seine Grenzen stößt.

Häufig hören wir, wenn wir die Nachteile unserer Elemente ausleben, Sätze wie:

»Leg Dir mal ein dickeres Fell zu!«

»Du musst nicht alles immer so persönlich nehmen!«

»Werd mal sachlich!«

»Komm auf den Punkt!«

»Jetzt versteh doch mal meine Gefühle!«

Das sind die Situationen, in denen Sie sich bisher wünschten, Sie könnten auch anders. Aber: Leichter gesagt als getan. Denn bisher hatten Sie kein Werkzeug, um diesen Wechsel spontan hinzubekommen.

Jetzt schon. Jetzt können Sie anders.

Wo gibt es bei der Erde Verbesserungsbedarf?

Ein Kollege von mir hat einen großen Erde-Anteil, den er allerdings nicht mag. Er möchte viel lieber im Mittelpunkt stehen und bewundert werden. Ich erinnere mich, dass ihm ein Marketingexperte eine Kampagne vorschlug, die ihn als soliden Redner vorstellen sollte, mit dem einprägsamen Bild eines LKW. Es war amüsant zu beobachten, wie sich dieser Erde-Typ gegen den LKW wehrte, weil er lieber ein Porsche sein wollte. Doch war er weder in seiner Außenwirkung noch in seinem Werdegang noch von seinem Thema her ein Porsche. Seine ganzen Wertvorstellungen entsprachen der Erde und somit dem LKW.

Mittlerweile hat er die Außenwahrnehmung und auch das Bild akzeptiert, und die Kampagne lief sehr erfolgreich. Es wird Ihnen ungemein helfen, wenn Sie sich im ersten Schritt so akzeptieren, wie Sie sind. Im zweiten können Sie natürlich als Erde-Typ an Ihrem Feuer arbeiten. Und selbst wenn Sie es vielleicht nie schaffen werden, einen Porsche zu symbolisieren (und damit vermutlich auch gar nicht glücklich würden), so können Sie sich – um im Bild zu bleiben – doch vom LKW zum Kombi mit ordentlich Pferdestärken hocharbeiten.

Missachten Sie nicht die ungeheuren Vorteile und Stärken, die Sie besitzen, wenn Sie die Erde voll ausleben. Ein LKW ist klasse, weil er ganz viele Inhalte von A nach B transportieren kann. Sicherlich wird ein Porsche stärker bewundert, doch passt in seinen Kofferraum nicht mal ein einziger Umzugskarton rein, während Sie als LKW gleich den ganzen Umzug in einem Rutsch erledigen. Wenn Sie dennoch gerne etwas feuriger auftreten möchten, dann üben Sie einfach regelmäßig die Gesten in Feuer.

Ich hatte einmal einen Seminarteilnehmer, der mir verzweifelt berichtete, dass er gar nichts fühle. Er übe die Gesten zwar fleißig in allen vier Elementen, aber bei ihm täte sich nichts.

Kein Wunder. Er war ein Erde-Typ und hatte nicht sofort auf diese vielen Emotionen Zugriff, weil er sie in seinem bisherigen Leben kaum ausgelebt hat. Das heißt noch lange nicht, dass sie nicht existieren. Darüber dachte er sich klammheimlich noch – typisch Erde –, was dieser alberne Kram sollte, und wünschte sich eine handfeste Strategie, die ihm klipp und klar zeigt, welcher Kunde wie angesprochen werden will.

Diese Strategie liefere ich mit den Elementaren Kommunikationstypen tatsächlich (s. nächstes Kapitel), doch im ersten Schritt fühlt sie sich für einen Erde-Typ verwirrend an.

Ein halbes Jahr später schrieb mir derselbe Teilnehmer eine E-Mail und berichtete, dass er nun auch alle anderen Elemente ausleben könne und begeistert sei von den Möglichkeiten, die ihm das eröffne. Sein Beispiel zeigt: Nehmen Sie sich als Erde-Typ die nötige Zeit. Die Veränderung wird nicht von einem Tag auf den nächsten stattfinden. Gönnen Sie sich eine Eingewöhnungsphase. Wenn Sie die anderen Elemente wirklich integrieren wollen, dann wird es Ihnen auch gelingen – es mag nur ein Weilchen dauern.

Doch wo genau kann die Erde Hilfe gebrauchen?

Hilfe in Konflikten

Zum Beispiel bei Konflikten. Nanu? Ist die Erde nicht das überzeugendste Element in Konflikten? Lassen Sie mich kurz erklären, in welcher speziellen Konfliktsituation es schlau sein könnte, eben nicht in der Erde zu bleiben.

Wenn jemand in Ihr Büro stürmt, Sie wegen einer Kleinigkeit wüst beschimpft und gefühlt gleich mit Kanonen auf Spatzen schießt, dann kann es gut sein, dass diese Person mit

Ihrer Stärke nicht umgehen kann. Wenn Sie nun in der Ruhe bleiben und weiterhin stark wirken, werden Sie sich im weiteren Verlauf noch ganz andere Sätze anhören dürfen.

Der Schlüssel zur Lösung liegt hier darin, in den Tiefstatus zu gehen, etwas Entspannung zuzulassen und ein weibliches Element hinzuzuziehen. Wenn Sie die Luft aktivieren, dann könnten Sie neugierig hinschauen und versuchen, den Blickwinkel des Kollegen zu verstehen. Wenn dieser sich gesehen fühlt, wird auch die Wut nachlassen. Häufig ist es eine Art Ohnmacht, die zu solchen Angriffen führt. Wenn Ihre Kollegen Sie für unüberwindbar stark halten, werden sie mit kleinen Problemen gar nicht erst vor Ihrer Tür stehen. Und wenn doch, dann glauben Sie möglicherweise das Problem aufbauschen zu müssen, damit Sie als starke Persönlichkeit es überhaupt ernst nehmen. Luft und Wasser nehmen jedes Problem ernst, aber Erde und Feuer speisen kleine Herausforderungen gerne als Lappalien ab. In dieser Konstellation können Sie zugänglicher werden, indem Sie Verständnis zeigen. Das wäre dann Wasser oder Luft. Die Gesten, die hier zum Einsatz kommen können, sind Sympathie im Wasser oder Deuten in der Luft.

Meine Schwester war als Jugendliche die beste Spielerin in unserer Fußball-Dorfmannschaft. Das wussten alle. Auch die Gegner. Und deswegen wurde meine Schwester von der halben gegnerischen Mannschaft umlagert und gedeckt, damit sie zu keinem einzigen Spielzug kam. Sie war auch meistens die Erste, die böse gefoult wurde, weil die andere Mannschaft dadurch echte Chancen auf den Sieg bekam.

Natürlich können wir uns über solches Foulplay beschweren und für Fairness plädieren, doch wie man in den Wald ruft, so schallt es heraus. Wenn Sie Stärke präsentieren, ist es nur logisch, dass der Gegner reagiert. Das Foulplay mag einerseits unfair sein, andererseits aber auch eine verständliche Reaktion auf Ihre Stärke und im Endeffekt fast schon ein Kompliment, denn offensichtlich hat Ihr Gegenüber Ihre Stärke erkannt.

Hilfe für Erde in Konflikten
Elemente: Wasser, Luft
Gesten: Sympathie, Deuten

Hilfe beim Smalltalk

Wo könnte die Erde noch Hilfe gebrauchen? Ganz eindeutig beim Smalltalk. Erde mag solche Gespräche nicht und tut grundsätzlich durchaus gut daran, sie so oft wie möglich zu meiden. Wenn es allerdings nicht anders geht und der solide Erde-Verkäufer auf einer Veranstaltung neben seinen Kunden steht, möchte er natürlich in der Lage sein, ein paar oberflächliche Worte auszutauschen. Über das Wetter, über die Veranstaltung und vielleicht auch darüber, dass Sie diese Situationen nicht sonderlich mögen. Wenn Sie das auf sympathische Weise ansprechen, ohne ein Drama daraus zu machen, dann sind Sie schon mitten drin im Smalltalk oder im Businesstalk.

Wenn Sie das Element Luft üben, wird es Ihnen noch leichter fallen, vor allem in Kombination mit der Sympathie- oder Deuten-Geste. Sie werden damit keinen Smalltalk-Marathon gewinnen, aber immerhin hier und da ein paar oberflächliche Aussagen produzieren können, was in der Regel völlig ausreichend und vor allem auch noch authentisch ist.

Hilfe für Erde beim Smalltalk
Element: Luft
Gesten: Sympathie, Deuten

Hilfe bei emotionalen Gesprächen

Bei emotionalen Gesprächen brauchen Sie als Erde-Typ auch dringend Hilfe. Gerade, wenn Sie Ihrer Frau einmal zeigen möchten, wie wichtig sie Ihnen ist. Das zeigen Sie, indem Sie ihr zuhören, Verständnis zeigen, ihre Probleme als solche akzeptieren und nicht kleinreden und auch ein paar aufbauende Worte finden.

Das Zuhören beherrschen Sie als Erde-Typ grundsätzlich ganz gut, doch in dieser Situation ist das emotionale Zuhören gefragt. Hier geht es nicht nur um eine sachliche Bestandsaufnahme, sondern vielmehr um das Erkennen der dahinterliegenden Emotionen.

Das schaffen Sie, indem Sie das Element Wasser aktivieren, in Kombination mit der Sympathiegeste. Alle fünf Jahre ein »Ich liebe dich« rauszupressen, reicht den wenigsten Frauen. Sie möchte gerne mehr Nähe spüren, und in wertschätzenden, emphatischen Gesprächen können Sie dieses Bedürfnis bedienen.

Übrigens rate ich Ihnen auch dringend, in dieser Weise mit Ihrer Liebsten zu reden, bevor Sie in der Nichts-Box verschwinden. Dann weiß sie, dass sie nicht der Grund für diesen Rückzug ist.

Hilfe für Erde bei emotionalen Gesprächen
Element: Wasser
Geste: Sympathie

Hilfe für Kreativität

Bei einem beruflichen Projekt brauchen Sie eine kreative Lösung? Dann verlassen Sie die Erde, fliegen Sie in höhere Sphären, und schauen Sie sich die Situation von der Meta-

Ebene an. Dafür brauchen Sie nur das Element Luft und die Deuten-Geste. Auch Neutral könnte für manchen Erde-Typen in dieser Situation hilfreich sein, weil sie sich dann bei der kreativen Lösungsfindung nicht von Emotionen beeinflussen lassen. Die Erde ist zwar an sich recht emotionslos, doch wenn er mit der Deuten-Geste in die Luft geht, dann können auf einmal viele Emotionen da sein. Mit Luft und der Neutral-Geste bekommen Sie die nötige kreative Leichtigkeit ohne zu viele Emotionen.

Es gibt einige großartige Redner in Deutschland, die über Kreativität reden. Zum Beispiel Bernhard Wolff, der in seinem Buch *Denken hilft* viele tolle Anregungen gibt, wie Sie kreativer werden können. Für mich war es leicht, seinen Übungen und Tipps zu folgen, doch ein Freund von mir konnte damit wenig anfangen. Er fand die Ideen gut, aber ihm fehlte als Erde-Typ die Leichtigkeit, um diese umzusetzen. Natürlich kann das jeder lernen, und wenn mein Freund konsequent geübt hätte, dann stünde er mit seinem kreativen Output heute sicher schon eine Stufe höher. Ich denke, dass es ihm damals geholfen hätte, wenn er die Elemente beherrscht hätte und dadurch in der Lage gewesen wäre, die Luft zu aktivieren.

Wir sehen Grenzen häufig als Ende des Weges an – das ist nur menschlich. Doch manchmal ergibt es durchaus Sinn, über die Mauer zu klettern und weiterzugehen. Das ist Weiterentwicklung.

Wichtig ist bei Ihrem kreativen Brainstorming, dass Sie erst einmal nur alle Ideen sammeln und sie nicht erde-typisch sofort auf ihre Alltagstauglichkeit überprüfen. Lassen Sie der Phantasie in Luft erst einmal freien Raum. Erst wenn Sie viele Ideen zusammenhaben, gehen Sie sie einzeln durch und überlegen Sie, ob sie in der Realität funktionieren würden.

Wenn Sie nun dank der Luft und der Erde eine neue Idee gefunden und ausgearbeitet haben, gehen Sie ruhig in Feuer und nutzen Sie die Deuten- oder Sympathiegeste, um die Idee vorm Kunden zu präsentieren. Erde spricht zwar überzeugend, aber auf Dauer etwas einschläfernd. Das Feuer kann dafür sorgen, dass es Ihnen gelingt, den berühmten Funken überspringen zu lassen.

Hilfe für Erde für Kreativität
Element: Luft
Gesten: Deuten, Neutral

Hilfe beim Bauchgefühl

Situationen, in denen es aufs »Bauchgefühl« ankommt, irritieren Erde total. Wie soll er denn mit seinem Bauch in Verbindung treten? Soll er ihm eine Mail schreiben? Schön wär's.

Die Lösung ist auch hier wieder, das Wasser zu aktivieren, am besten in Kombination mit der Innenraum-Geste. Vielleicht werden Sie am Anfang kaum etwas fühlen, aber das ist nur eine Frage der Zeit. Bleiben Sie am Ball.

Hilfe für Erde beim Bauchgefühl
Element: Wasser
Geste: Innenraum

Hilfe beim Socialising

Falls Sie bei privaten Feiern gern mal mittendrin statt nur dabei wären, ist die Luft die perfekte Lösung. Nutzen Sie sie in Kombination mit der Sympathie- oder Deuten-Geste.

Sie können auch testen, ob Sie besser mit dem Feuer in Kombination mit der Sympathie-Geste zurechtkommen, wenn es gilt, eine Menschentraube um sich zu bilden.

Je nach Situation könnte sogar das Wasser mit Sympathie hilfreich sein. Mit ihm könnten Sie den anderen Gästen viel Empathie entgegenbringen und schöne, zu Herzen gehende Gespräche führen.

Mit welchem Element Sie als Erde-Typ beim Socialising punkten, hängt also vor allem vom Anlass ab.

Sogar wenn Sie von Kindern umgeben sind, können Sie punkten, indem Sie das Element wechseln. Möchten Sie nicht nur vom Spielplatzrand beim Toben zusehen, sondern am Spaß der Kleinen teilhaben? Dann gehen Sie in das Element Luft und rutschen Sie gemeinsam mit Ihren Kindern die große Rutsche herunter, um danach mit ihnen das Klettergerüst zu erobern.

Hilfe für Erde beim Socialising
Elemente: Luft, Feuer, auch Wasser
Gesten: Sympathie, in der Luft auch Deuten

Der Erde-Supermann ist ein Arbeitstier. Auf ihn ist Verlass. Zusammen mit dem Feuer-Supermann kann er jedoch auch faszinieren und begeistern. Mit der Wasser-Superfrau kann er Abende vorm Kamin mit gefühlvollen Gesprächen füllen. Und mit der Luft-Superfrau kann er sogar zum spaßigen Super-Daddy des Monats gekürt werden.

Wo stößt das Wasser an seine Grenzen?

Eine Freundin von mir stand vor einigen Jahren mit der Diagnose Burnout kurz vorm Arbeits-Aus. Das lag weniger an der vielen Arbeit und mehr an den vielen belastenden Gesprächen, die sie rund um die Uhr mit Kollegen, Freunden und Familienmitgliedern führte. Da sie jeden verstehen konnte und für jeden ein offenes Ohr hatte, wurde sie ständig von vielen Gefühlen überschwemmt und fand kein Ventil. Die Ratschläge, nicht alles so persönlich zu nehmen und nicht jedes Problem so an sich heranzulassen, halfen wenig. Sie wusste ja nicht, wie es anders geht. Für sie war alles persönlich.

Als ich ihr die Elementaren Kommunikationstypen zeigte, wurde sehr deutlich, dass sie noch nicht loslassen konnte. Ihre erste Reaktion: »Aber ich darf doch nicht weglaufen vor meinen Problemen. Ich muss mich ihnen doch stellen und sie ausleben.«

Hilfe beim Nein-Sagen

Natürlich rate ich niemandem, vor seinen Problemen wegzulaufen. Doch meine Freundin konnte mir nicht weismachen, dass wirklich alle ihrer zigtausend Probleme so wichtig waren. Da sie die meisten Probleme von den Kindern, dem Mann, den Eltern, den Nachbarn, den Kollegen und vom Chef übernommen hatte, waren die meisten davon gar nicht ihre Baustelle. Die bestand vielmehr darin, dass sie nicht Nein sagte. Bearbeitet hat sie diese Baustelle, indem sie die Erde aktivierte und insbesondere von der Antipathie-Geste Gebrauch machte.

Wenn es Ihnen ähnlich ergeht, lernen Sie Nein zu sagen. Setzen Sie Grenzen. Lassen Sie die Baustellen dort, wo sie hingehören. Sie dürfen gerne der ganzen Welt helfen, doch Sie müssen nicht die Alleinverantwortung für die Probleme anderer übernehmen.

Und wenn es beim Nein-Sagen zum Streit kommt, dann hilft wieder die Erde mit Antipathie, denn sie ist in der Lage, die Inhalte sachlich zu präsentieren. Wenn Sie zu emotional ins Gespräch gehen, haben Sie entweder von Anfang an schlechte Karten, weil die vielen Gefühle Sie blockieren und Ihnen all die schönen Argumente aus der Gesprächsvorbereitung nicht mehr einfallen. Oder Sie werfen Ihrem Gesprächspartner derart emotional Vorwürfe an den Kopf, dass die Beziehung hinterher arg gestört ist. In Erde können Sie Ihre Meinung sagen, ohne ein Blatt vor den Mund zu nehmen, und werden trotzdem nicht wütend und aufbrausend wirken. Bringen Sie mit der Erde die Störfaktoren auf den Punkt.

Hilfe für Wasser beim Nein-Sagen
Element: Erde
Geste: Antipathie

Hilfe beim Distanzieren

Wasser ist auch ein Kandidat dafür, alles sehr persönlich zu nehmen. Viele harmlose Äußerungen werden gleich als Beleidigungen eingestuft. Bevor Sie sich darauf einschießen, dass die ganze Welt gegen Sie ist, könnten Sie es mal mit der Luft probieren.

Ein Beispiel: Sie bekommen eine E-Mail mit dem Hinweis, dass Sie doch in Zukunft bitte nur eine Person anschreiben und nicht noch eine Handvoll in Cc setzen mögen. Diese E-Mail wurde von jemandem geschrieben, der ständig in Kopie steht. Die vielen E-Mails müllen sein Postfach zu.

Ihre E-Mails sind also Müll? Was erlaubt der sich! Und wieso sagt er Ihnen das nicht direkt und kommt stattdessen mit so einer unpersönlichen, beleidigenden E-Mail daher?

Genau solche Dramen meine ich. Die sind unnötig, denn vielleicht hat er es gar nicht so böse gemeint, wie Sie es empfunden haben. Und selbst wenn er die E-Mail mit Absicht derart böse formuliert hat, dann ergibt es trotzdem keinen Sinn, sich über so eine Kleinigkeit aufzuregen. Vom Kopf her wissen Sie das vielleicht, aber verletzt fühlen Sie sich trotzdem.

Wenn dem so ist, dann aktivieren Sie die Luft, am besten in Kombination mit der Neutral-Geste. So kommen Sie aus den Gefühlen raus, nehmen es automatisch leichter, und vielleicht schaffen Sie es sogar noch, humorvoll zu antworten. Sie könnten in Ihrer Antwort zum Beispiel berichten, dass Sie schon überlegt hätten, ob Sie ihn auch darüber informieren sollen, wenn Sie zum Zahnarzt oder zum Frisör gehen. Wenn er dies aber nicht möchte, dann hört dieser Informationsfluss ab sofort auf. Vielleicht schieben Sie noch eine kleine Entschuldigung für den ganzen Postfach-Müll hinterher.

Wenn Sie aus dieser E-Mail dagegen ein Drama machen und nicht mehr mit demjenigen reden, wenn er Ihnen auf dem Flur entgegenkommt, verhärten sich die Fronten. Damit ist niemandem geholfen.

Falls Sie unbedingt loswerden möchten, dass Sie den Tonfall in der E-Mail, soweit man den hören kann, unangebracht fanden, dann sagen Sie ihm dies ein paar Tage später in einem persönlichen Gespräch. Dann würde ich an Ihrer Stelle allerdings vorher in die Erde gehen, damit Sie ihn nicht emotional überrollen, sondern ihm nur sachlich eine Grenze zeigen.

Vermeiden Sie das Drama, und nehmen Sie eine sachliche Distanz zu Kleinigkeiten ein, die die Aufregung nicht wert sind.

Hilfe für Wasser beim Distanzieren
Elemente: Luft, Erde
Gesten: Neutral, Deuten, Antipathie

Und damit sind wir auch schon bei einem Kernthema des Wassers: Konflikte. Das Wasser trägt viele Konflikte aus. Die inneren Konflikte, die Konflikte von Kollegen, Freunden, der Familie, dem Chef, den Kunden und noch viele mehr.

Es wäre schön, wenn Sie anfangen würden, sich hauptsächlich um sich zu kümmern. Ihre emphatische Art ist Gold wert, doch deswegen müssen Sie noch lange nicht die Probleme der Welt auf Ihren Schultern tragen. Es ist immer besser, jeden seine eigenen Baustellen abarbeiten zu lassen. Sie können mutmachend zur Seite stehen, doch lösen Sie nicht ständig die Probleme anderer.

Manche Menschen spüren in jeder Geschichte und in jeder Situation automatisch die emotionale Tiefe, ohne sich bewusst in ein Drama hineinzusteigern. Diese Feinfühligkeit und Sensibilität macht sie zu besonders geschätzten Menschen, die allerdings sehr auf sich achten müssen, weil sie sonst leicht zu Depressionen oder zu Borderline-Störungen neigen. Das Leben ist oft kein Spaß für diese sensiblen Menschen, weil sie ständig in der Innenraum-Geste leben.

Falls Sie sich in dieser Beschreibung wiederfinden, rate ich Ihnen, immer mal wieder bewusst in die Erde zu gehen, vielleicht sogar in Kombination mit der neutralen Geste, damit Sie zur Ruhe kommen. Wobei Ihnen auch die Antipathie-Geste in Erde helfen kann. Oder Sie helfen sich in Ihrem eigenen Element, indem Sie diese vielen Gefühle bewusst an sich vorbeifließen lassen und nicht jeden Gefühlstropfen in sich aufnehmen. Denn es wird der Tag kommen, an dem ein weiterer Tropfen das Fass zum Überlaufen bringt.

Hilfe für Wasser bei Konflikten
Element: Erde
Gesten: Neutral, Antipathie

Hilfe beim Ziehen von Grenzen

Beim Ziehen von Grenzen hilft Ihnen auch die Erde. Dann in Kombination mit Antipathie. Sie möchten klar zeigen, dass Sie Ihrem Umfeld ab sofort nicht mehr als seelischer Mülleimer dienen? Dann üben Sie in Gedanken die Gesten in Erde und gehen Sie danach einmal über den Büro-Flur. Bleiben Sie auch während der vielen Gespräche, die Ihnen unterwegs ans Bein getackert werden, in Erde. Ihre Zuhörer werden den Unterschied bemerken, und Sie werden nach und nach immer seltener in die Bürozimmer der anderen gerufen.

Nun werden einige Wasser-Typen innerlich seufzen, denn im Prinzip mögen Sie ja diese Beliebtheit. Es bleibt Ihre Entscheidung. Sie können an einigen Tagen oder bei einigen Menschen in Erde gehen und bei dem Rest im emphatischen Wasser bleiben. Ich möchte Ihnen nicht Ihre Beliebtheit nehmen, sondern Sie nur vor einem Dasein als seelischer Mülleimer des gesamten Unternehmens bewahren.

Wenn Sie mal in Ruhe ohne Störungen arbeiten möchten, wäre ebenfalls die Erde angebracht. Sobald jemand die Tür zu Ihrem Zimmer öffnet, sagen Sie sachlich, dass Sie im Moment keine Zeit haben. Ich garantiere Ihnen, dass Sie nicht weniger beliebt sein werden. Es ist nur für den Anfang ungewohnt, weil Sie bisher immer für jeden Zeit hatten. Doch der Feuer-Typ ist nicht weniger beliebt, obwohl er sich kaum Zeit für andere nimmt. Und die Erde wird auch für ihre Stärke bewundert. Es ist nicht so, dass Sie ab sofort keine Freundschaften mehr pflegen dürften und in der Kantine alleine sitzen müssten. Es bedeutet einfach nur, dass Sie für sich einstehen. Die anderen sollten nicht prinzipiell wichtiger sein als Sie.

Hilfe für Wasser beim Ziehen von Grenzen
Element: Erde
Geste: Antipathie

Hilfe für eine dicke Haut

Früher hatte ich im Coaching häufig Menschen, die sich eine dickere Haut wünschten. Die habe ich mir auch schon so einige Male gewünscht, weil ich mir als sensibler Mensch früher wirklich jeden Schuh angezogen habe. Jeden. Egal, ob er passte oder nicht. Mir wurde dann auch stets gesagt, dass ich ein dickeres Fell bräuchte, verbunden mit dem schlauen Rat: Nicht alles so persönlich nehmen! Ja, wenn das so einfach wäre …

Natürlich lag es in meiner Verantwortung, dass ich meine dünne Haut gepflegt habe und alles persönlich nahm. Ich wusste nur leider nicht, wie ich das ändern könnte. Die Erde hat mir dabei enorm geholfen. Mit ihr gelang es mir, die Emotionen zu reduzieren, und ich konnte auch mal einen Schuh ablehnen.

Wobei ich auch sehr gerne in die Luft gehe, wenn ich mit unangenehmen Äußerungen beworfen werde. Wenn ich neugierig bin und mich frage, wieso ich gerade als blöde Kuh tituliert werde, dann habe ich innerlich inzwischen so eine große Distanz zu diesen Aussagen, dass es mich nicht mehr verletzt. Die Frage nach dem Warum lenkt mich von meinen Gefühlen ab, und ich bleibe trotzdem in Kontakt mit meinem Gegenüber.

Bei der Luft würde ich in diesem Fall die Sympathie kombinieren und bei der Erde Antipathie, Neutral oder Deuten. Die Geste spielt in diesem Fall keine große Rolle, Hauptsache, ich bin in Erde.

Hilfe für Wasser für eine dicke Haut
Elemente: Erde, Luft
Gesten: Antipathie, Neutral, Deuten, Sympathie

Hilfe beim Präsentieren

Eine Führungskraft kam zu mir, weil sie von ihrem Chef jeden Morgen nur fünf Minuten Zeit bekam, um die Aufgaben für diesen Tag durchzusprechen. Sie meinte, dass sie mit dieser Zeit nicht klarkäme. Natürlich war sie damit schon rein gefühlsmäßig überfordert, weil sich diese Beschränkung für einen Wasser-Typen fast wie Ablehnung anfühlt. Wasser nimmt sich immer Zeit für wichtige Menschen. Aus diesem Blickwinkel fühlte sie sich sehr unwichtig bei dieser Zeitvorgabe – obwohl sie durchaus verstehen konnte, dass der Chef natürlich sehr eingespannt war.

Helfen kann in solchen Situationen Lutz Herkenraths Tipp, sich auf die Nettobotschaft zu konzentrieren. Sagen Sie bitte nicht: »Frau Gerstner hat die Projektleitung übernommen, und Herr Lindner ist im Team dazugestoßen, was sehr gut funktioniert. Beide machen einen super Job, und wir liegen gut im Zeitplan. Wobei wir noch einiges aufzuholen haben, denn bevor Frau Gerstner die Projektleitung übernahm, lief es nicht sonderlich rund.« Sondern: »Wir liegen im Zeitplan.« Falls es den Chef dann doch interessiert, wer gerade die Projektleitung innehat, dann wird er fragen.

Nun fällt es einem Wasser-Typen häufig schwer, diese Nettobotschaft zu finden, weil ihr alles wichtig erscheint. Wasser fängt gerne an mit: »Dafür musst du die Vorgeschichte kennen.« Daher ist es auch hier ratsam, in die Erde zu gehen. Vielleicht sogar mit der Neutral-Geste. Dann finden Sie eher Antworten auf die Frage, was wohl hinter dem Gleichheitszeichen steht.

Falls Sie bei einem Posten nun auf einmal viele Präsentationen halten dürfen, dann können Sie dies einige Male sicherlich mit ihrer emphatischen, emotionalen Art machen. Sie werden die Leute sicherlich berühren. Doch nicht jedes

Thema ist dafür geeignet, weil das Wasser häufig anfängt zu reden und erst während des Sprechens überlegt, wie der Satz zu Ende gehen könnte. Dadurch entstehen manchmal lange Pausen und ein eher langatmiges Sprechtempo. Dies könnte auf Dauer dafür sorgen, dass Sie die Aufmerksamkeit Ihrer Zuhörer verlieren.

Hier ist Feuer gefragt. In Feuer und Sympathie können Sie wunderbare, faszinierende Reden schwingen. Durch das Feuer kommt einfach etwas mehr Tempo rein, und selbst wenn Sie eine Sprechpause machen, füllen Sie diese mit einer Präsenz, die für das Publikum angenehm ist.

Beim Sprechen hören Sie einen deutlichen Unterschied zwischen Feuer und Wasser, denn das Feuer zischt und knallt die Konsonanten nur so raus, um mehr Energie zu erzeugen. Das Wasser vernuschelt die Konsonanten eher und konzentriert sich auf die langen Vokale. Jeder Vokal wird bis ins Unendliche gedehnt. Dadurch entsteht eine Art Singsang.

Bei emotionalen Themen ist das Wasser in der Sprechweise definitiv die bessere Wahl, aber wenn Sie Ihr Team oder Ihre Kunden von einer neuen Idee begeistern wollen, dann wäre das Feuer ideal. In Wasser klingen Inhalte häufig nicht mehr nach reiner Wissensvermittlung, sondern mehr nach emotionalen Keulen. Redner sagen heute gerne, dass sie die Bühne rocken würden. Damit meinen sie, dass sie das Publikum begeistern und mit ihrer Präsenz nicht nur die Bühne, sondern den ganzen Saal füllen können. Mit Feuer können Sie genau das erreichen, auch wenn Ihre Bühne nur imaginär im kleinen Meetingraum steht.

Hilfe für Wasser beim Präsentieren
Elemente: Erde, Feuer
Gesten: Neutral, Sympathie

Hilfe beim Smalltalk

Für Smalltalk und Businesstalk ist das Wasser nicht so sehr geeignet. Sie liebt zwar alle Themen und kann zu allem etwas sagen, neigt aber dazu, jedem Thema eine emotionale Tiefe zu geben. Und nicht jeder möchte sich, wenn er nur über das Wetter reden möchte, sofort mit der Klimakatastrophe auseinandersetzen.

Da hilft die Luft, weil dies ihr Spezialgebiet ist. Mit mehr Leichtigkeit im Gepäck klappt auch der harmlose Smalltalk, ohne dass die Gefühle gleich wieder übermächtig werden wie eine Flutwelle.

Hilfe für Wasser beim Smalltalk
Element: Luft
Gesten: Deuten, Sympathie

Die Wasser-Superfrau ist eine emotionale Bank, auf die wir uns mit jedem Thema setzen können. Zusammen mit dem Feuer-Supermann kann sie mehr Tempo in ihre Vorträge bringen, mit der Luft-Superfrau humorvoll in Konflikten auftreten und mit dem Erde-Supermann klare Grenzen ziehen.

Wann könnte Feuer von anderen Elementen Hilfe gebrauchen?

Ich erinnere mich gut an eine Begebenheit aus einem Training in Berlin: Ein Teilnehmer betritt den Raum, und sofort schaut jeder zu ihm hin. Er hat eine sehr aufrechte Haltung, einen einnehmenden Gang, hat den Kopf leicht gehoben und schaut jeden Einzelnen im Raum mit durchdringendem Blick an. Nachdem er mich erspäht und schnell gedanklich überschlagen hat, dass ich als Trainerin wohl die wichtigste Person im Raum sein muss, kommt er mit großen Schritten auf mich zu und schüttelt mir mit festem Händedruck die Hand. Er hat ein tolles Lächeln, macht mir und den anderen anwesenden Damen schöne Komplimente und ist auch für den Rest des Trainings generell sehr aufmerksam. Einigen Teilnehmerinnen ist das Kopfkino deutlich anzusehen: Ob der heute Abend schon was vorhat?

Wie Sie sich denken können, handelte es sich bei diesem Teilnehmer vom Auftreten her eindeutig um einen typischen Feuer-Mann. Sogar in Kombination mit der Erde, was ihn noch stärker machte. Er hatte aber auch den weichen Kern, den viele Damen in jedem noch so harten Kerl vermuten und dann manchmal doch vergeblich suchen. Dieser weiche Kern befand sich bei diesem Exemplar im Element Wasser – auch dieses Element kam bei ihm also nicht zu kurz.

Hilfe bei der Führungskommunikation

Im Laufe des Rhetorik-Seminars erzählte er von seinem Leben als Restaurantleiter. Das Einzige, das ihn bei seiner Arbeit zunehmend verunsicherte, war der heftige Tornado, gegen den er manchmal ankämpfen musste. Ich habe ja schon erwähnt, dass die Mitarbeiter gegenüber Erde und Feuer gerne mal mit Kanonen auf Spatzen schießen, wenn sie negative Kritik äußern. Ihre Befürchtung ist, dass eine Wasserspritzpistole nicht ernst genommen wird. Deswegen holen sie gleich im ersten Anlauf die Kanone mit der scharfen Munition raus. Vor allem beim Feuer-Typen, weil er im Gegensatz zur Erde häufig Arroganz ausstrahlt.

Dieser Feuer-und-Erde-Teilnehmer jedoch hatte nun mal auch diesen weichen Kern aus Wasser und fragte sich, warum er immer wieder so unverhältnismäßig heftig angegriffen wurde. Im Gegensatz zu seiner Annahme, dass es an seiner Wortwahl liegen könnte, kamen wir schnell darauf, dass es tatsächlich sein sehr starkes Auftreten war, das einen Hauch arrogant wirkte.

Deshalb gab ich ihm die Aufgabe, seine Mitarbeiter einzeln zu einem Vieraugengespräch zu holen und mit ihnen sehr einfühlsam in Wasser zu reden. Luft wäre auch gegangen, aber zu diesem einzigen in ihm recht schwach ausgeprägten Element fand er auf die Schnelle keinen Zugang. Das Wasser-Element war dagegen schon vorhanden, weil er es vor allem privat aktiv nutzte. Er hatte immer gedacht, dass er als Chef zwangsweise der starke Rudelführer sein müsste, damit sich die Mitarbeiter sicher fühlen. Das ist grundsätzlich auch richtig, doch nicht ständig und überall. Die Mitarbeiter brauchen einen gewissen Einblick in die Seele ihres Vorgesetzten, um sich hin und wieder rückzuversichern, dass ein sensibler Mensch hinter der Cheffigur steckt. Wenn sie sich dessen bewusst sind, werden sie in Zukunft auch negative Kritik in normalem Ton äußern, ohne Kanonen und wütende Beschimpfungen.

Wenn Sie ein ähnliches Problem haben, dann gehen Sie in Wasser oder in Luft und zeigen Sie sich. Zeigen Sie Ihre verletzliche Seite. Das möchte das Feuer in Ihnen am liebsten verhindern, doch diese Anfechtung sollten Sie zu ignorieren lernen. Mit Ausflügen ans Wasser, im übertragenen Sinne, bekommen Sie mehr Nähe zu Ihren Mitarbeitern und Kollegen. Nur mit Feuer und Erde allein können Sie die Verbundenheit nicht aufbauen, die die besondere Beziehung zwischen Vorgesetztem und Mitarbeitern erfordert. Als Geste würde ich in diesem Fall die Sympathie wählen.

Hilfe für Feuer bei der Führungskommunikation
Elemente: Wasser, Luft
Geste: Sympathie

In Meetings und bei Diskussionen neigt der Feuer-Typ dazu, alles platt zu reden, ohne anderen ihren Redeanteil zu gönnen. Falls Sie das ändern möchten, ist Luft die perfekte Wahl. Denn mit ihr aktivieren Sie automatisch das Wir-Gefühl und den Teamgeist. In Luft wirken Sie auch harmloser und weniger dominant, was sehr hilfreich ist, wenn Sie ein Teil des Teams sein möchten.

Streben Sie nur die Rolle eines Rudelführers an, dem es egal ist, ob das Team ihn liebt oder hasst, dann bleiben Sie einfach in Feuer. Wenn Sie sich aber zum geachteten Kollegen oder Chef entwickeln möchten, der auch als Teammitglied beliebt ist, dann bleiben Sie nur ab und an im Feuer. Und gehen Sie in einigen Teamsitzungen, Meetings und Diskussionsrunden entweder in Erde, damit Sie entspannt zuhören können, oder noch besser in das Element Luft, um mit dem Team zu verschmelzen und eine Einheit zu bilden.

Mit der Erde würden Sie immerhin schon mal aufhören, die anderen zu unterbrechen und ständig alles in Grund und Boden zu reden. Mit der Luft würden Sie sich sogar neugierig auf jede neue Idee freuen, ohne ständig einen vernichtenden Kommentar beizusteuern. Von den Gesten würde ich für beide Elemente die Sympathie oder das Deuten bevorzugen, um eine spürbare Verbindung zur Gruppe herzustellen.

Hilfe für Feuer bei der Teamkommunikation
Elemente: Luft, Erde
Gesten: Sympathie, Deuten

Hilfe für Gelassenheit

Wenn Sie Ihr Herz und Ihr Umfeld schonen möchten, würde es Ihnen als Feuer-Typ gewiss guttun, sich weniger über Kleinigkeiten aufzuregen.

Ich erlebe das immer wieder auf Flugreisen. Da gibt es die Profis, die beim Security Check schon von alleine die Flüssigkeiten und den Laptop herausholen, beim Check-in von allein die Bordkarte auf dem Smartphone richtig herum ins Lesegerät halten und beim Einstieg ins Flugzeug die Jacke schon in der Hand haben, damit sie die schnell mit dem Handgepäck verstauen können, bevor sie sich hinsetzen. Es gilt: Effizienz.

Wenn vor so einem Profi dann ein Fluganfänger steht, dessen Flüssigkeiten erst noch entsorgt werden müssen, der stundenlang sein Tablet sucht, der beim Check-in vergessen hat, wo seine Bordkarte abgespeichert ist, und der im Flugzeug natürlich mitten im Gang stehen bleibt, weil er erst noch in Ruhe seine Jacke ausziehen will, dann bekommt das Feuer hinter ihm allmählich Hitzewallungen. Wenn der Fluganfänger ihn weiter ärgert, indem er dann auch noch die Strickjacke auszieht und danach noch einmal seinen Rucksack öffnet, der schon oben im Ablagefach verstaut war, um sein Sudoku-Heft samt Bleistift zu suchen, dann setzt beim Feuer die Schnappatmung ein. Ich habe schon oft erlebt, dass Feuer-Typen in solchen Momenten förmlich ausrasten. Entweder rufen sie von hinten, dass der langsame Passagier doch gefälligst erst einmal alle anderen Fluggäste vorbeilassen soll, bevor er etwas in seinem Rucksack sucht, oder er sagt nichts und wirkt mit seinem hochroten Kopf und den knallroten Ohren wie ein Vulkan kurz vorm Ausbruch. Auch schon gesehen: Er schubst den langsamen Fluggast einfach zur Seite und geht dann im Stechschritt wortlos an ihm vorbei. Manchmal auch alles zusammen.

Mal ehrlich: Startet das Flugzeug deswegen eher? Nein.

Dieser ganze Prozess des Einstiegs mit seinen kleinen Verzögerungen ist schon fest eingeplant. Der Feuer-Typ hat nichts davon, sich in diesen Momenten aufzuregen, und er tut es trotzdem.

Ähnlich ist es beim Autofahren. Über jeden einzelnen Schwachmaten im Verkehr wird gewettert. Jedem »Vollidioten« wird ein Vogel gezeigt, und zu langsame Autofahrer werden mit der Lichthupe von der linken Spur gedrängt.

Kommt der feurige Autofahrer durch diese Drängelei schneller an? Das kann sein, aber die Frage ist doch vielmehr, ob die paar Minuten diese Aufregung wert waren.

Mein Vater gehört als echter Spanier auch zu der Fraktion, die im Straßenverkehr gerne mal meckert. Wenn er damit anfängt, dann meckere ich übertrieben lautstark mit, bis wir beide anfangen zu lachen. Und das ist auch der Schlüssel für mehr Entspannung in diesen Situationen: der Humor. Den bekommen Sie leicht hin, wenn Sie in Luft gehen. Ich betrachte meinen Vater dann eher aus der Vogelperspektive und lasse mich auf das Spiel »Wir beschimpfen andere Fahrer, und ich kann das lauter als du« bewusst ein. Spätestens dann merkt mein Vater, wie albern er sich gerade benimmt, und wir lachen zusammen.

Und auch im Flugzeug setze ich diese Neugier ein. Ich frage mich, ob dieser langsame Fluggast mit seinem Sudoku-Heft vielleicht zum ersten Mal fliegt. Oder ob er diesen Anschlussflug vielleicht gerade noch erwischt hat, nach einem vorgelagerten Langzeitflug völlig übermüdet ist und deswegen jetzt einfach keine Lust mehr hat, sich hetzen zu lassen. Ich schaue neugierig hin und gehe wie ein Detektiv auf Spurensuche: Vielleicht erspähe ich ja ein exotisches Etikett auf seinem Handgepäck, weil er gerade von sonst wo kommt?

Wenn ich selbst Auto fahre, mache ich es meistens genauso. Als ausgeprägter Feuer-Typ habe ich früher häufig genauso geschimpft wie mein Vater, wenn nicht sogar noch schlimmer. Wie gut, dass meine Kraftausdrücke im Auto blieben und von den anderen Fahrern nicht gehört wurden. Das war nicht immer jugendfrei. Doch dann hatte ich irgendwann keine Lust mehr, mich im Straßenverkehr ständig dermaßen zu ärgern. Ich sah keinen Sinn darin, mich über andere Autofahrer aufzuregen. Über Dinge, die ich ändern kann, rege ich mich immer noch mit Vorliebe auf, aber diese mir völlig fremden Menschen kann und werde ich nicht verändern. Und deswegen gehe ich bewusst in die Luft (im nicht-explosiven Sinne) und mache mir einen Heidenspaß daraus, zu überlegen, warum die anderen Fahrer so fahren, wie sie es tun. Wenn jemand vor mir voll in die Eisen steigt, um doch noch spontan rechts abzubiegen, dann denke ich: »Gott sei Dank, die Kurve hast du noch bekommen. Wahrscheinlich warst du gerade in Gedanken, oder dein Beifahrer hat zu spät Bescheid gegeben.« Fährt jemand bei Rot über die Ampel, dann denke ich mir, dass er wahrscheinlich dachte, es wäre noch dunkelgelb. Es passieren genug Unfälle auf den Straßen, und ich möchte schlechtes Fahren nicht beschönigen, doch leider kann ich an dieser Situation nichts ändern. Ich könnte Einfluss auf diese Menschen nehmen, wenn ich sie dazu brächte anzuhalten, ihnen dann in Ruhe mit Hilfe der gewaltfreien Kommunikation darzulegen, was ich wertfrei wahrgenommen habe, für mich zu erkennen, was für ein Gefühl ich deswegen habe und welches Bedürfnis nicht bedient wurde, um daraus eine Bitte an sie zu formulieren und dann freundlich grüßend weiterzufahren. Das würde allerdings deutlich mehr Zeit in Anspruch nehmen, als einfach in Gedanken neugierige Fragen zu stellen. Und ob sich irgendjemand im Straßenverkehr von mir anhalten lassen würde (Kelle auf dem Beifahrersitz?!), wage ich zu bezweifeln.

Wenn ich Seminarteilnehmern die Neugier-Methode nahelege, reagieren die Feuer-Menschen häufig mit der Aussage, dass sie dafür keine Zeit und auch keine Lust hätten, sich über wildfremde Menschen so viele schwachsinnige Gedanken zu machen. Verständlich. Warum diese Menschen dann aber lieber dieselbe Zeit investieren, um sich auf Teufel komm raus über wildfremde Menschen aufzuregen und dabei noch einen Herzinfarkt zu riskieren, hat sich mir noch nicht ganz erschlossen.

Hilfe für Feuer für Gelassenheit
Element: Luft
Gesten: Deuten, Sympathie, Neutral

Hilfe bei Motivation

Wenn Sie als Führungskraft ein Team leiten, können Sie Ihr Feuer super nutzen, um die Mannschaft im ersten Schritt für eine Idee zu begeistern. Wenn es allerdings darum geht, die Truppe in Schwung zu bringen und für die nächsten, vielleicht unbequemen Schritte zu motivieren, dann gehen Sie bitte in Luft. Sobald Sie einer vom Team sind, können Sie das Team auf Augenhöhe motivieren. Wenn Sie weiterhin auf Ihrem hohen Ross bleiben, denken sich Ihre Mitarbeiter schnell: »Lass den mal reden.« Als »einer von ihnen« können Sie eine ganz andere Nähe aufbauen, die oft projektentscheidend ist.

Auch privat können Sie überzeugender reden, wenn Sie auf Augenhöhe bleiben. Seitdem ich mich überwiegend vegan ernähre, nehme ich bewusst wahr, wie die Menschen sich gegenseitig bekriegen, wenn es um das Thema Ernährung geht. Anstatt andere mit der eigenen Leidenschaft für eine Ernährungsform zu begeistern und vielleicht sogar anzustecken, wird doziert und missioniert, was das Zeug hält. Das ist keine Augenhöhe und selten von Erfolg gekrönt. Selbst untereinander führen die Frutarier Krieg gegen die Veganer, die wiederum wettern gegen die Vegetarier, und viele Brucker-Anhänger verteufeln wiederum die Veganer. Ganz zu schweigen davon, dass die Veganer untereinander heftig austeilen, weil der eine Öl isst und der andere Salz und der dritte beides als völlig ungesund ansieht.

Warum darf nicht jeder so leben, wie er möchte? Ich bin auch der festen Überzeugung, dass wir viele Probleme in unserer Welt damit lösen könnten, wenn wir uns alle etwas bewusster und fleischärmer ernähren würden. Aber die meisten meiner Freunde essen Fleisch, und ich hätte keine Freunde mehr, wenn ich sie jedes Mal Mörder nennen würde, während sie sich gerade genüsslich ein Stück Currywurst in den Mund schieben.

Ich kreiere stattdessen lieber leckere neue, fleischfreie Gerichte, lade alle ein und freue mich, wenn sie ganz begeistert sind und wir gemeinsam eine schöne Zeit mit leckerem Essen verbringen. So kann ich den einen oder anderen viel besser motivieren, der veganen Küche hin und wieder mal eine Chance zu geben.

Feuer doziert zu sehr, und mit Luft kommen Sie auf Augenhöhe. Lassen Sie das innere Kind frei, seien Sie neugierig, und bleiben Sie offen für andere Meinungen und Lebensformen.

Hilfe für Feuer bei Motivation
Element: Luft
Gesten: Sympathie, Deuten

Hilfe bei Konflikten

Wenn Sie in ein Konfliktgespräch gehen, lassen Sie das Feuer bitte zu Hause. Aktivieren Sie bewusst die Erde mit der Antipathie-Geste. Vielleicht wird Ihre Erde noch leicht brennen, so wie es bei mir früher der Fall war, doch das ist deutlich besser, als in Feuer cholerisch auszuteilen und Wunden zu hinterlassen, die vielleicht nie wieder richtig heilen.

Allen Feuer-Typen – mich selbst eingeschlossen – möchte ich ganz klar sagen, dass das Wort »Selbstverantwortung« auch für uns gilt. Ich weiß, dass Sie diese gerne delegieren, doch so werden Sie auf Dauer nicht ernst genommen und auch nicht glücklich. Schauen Sie genau hin, wenn etwas schiefgeht, bleiben Sie selbstkritisch, und übernehmen Sie Verantwortung für die Pannen, die Ihnen passieren. Wenn Sie souverän dazu stehen, werden Sie sogar noch stärker aus dieser Krise hervorgehen. Dabei kann Ihnen das Element Erde helfen.

Ich habe schon charismatische Führungskräfte daran scheitern sehen, dass sie sich die Wahrheit immer so zurechtgebogen haben, wie es ihnen am besten passte. Das wurde schon zum Running-Gag unter den Mitarbeitern, die intern Wetten abschlossen, wen der Chef wohl beim nächsten Mal für seine Fehler an den Pranger stellen würde. Seine Pannen einzugestehen und daraus zu lernen und sich dabei auch mal schützend vor sein Team zu stellen, ist keine Schwäche, sondern eine Stärke. Mit der Erde gelingt das auch den Feuer-Chefs, vor allem in Kombination mit der Neutral- oder Sympathie-Geste. Wenn Sie in einem Konflikt nein zu etwas sagen, dann ist natürlich weiterhin die Antipathie-Geste die beste Wahl.

Und falls Sie sich bei jemandem entschuldigen wollen, hilft das Wasser in Kombination mit Sympathie, damit Ihre Worte jeglichen ironischen Anstrich verlieren und ehrlich klingen.

Hilfe für Feuer bei Konflikten
Elemente: Erde, Wasser
Gesten: Antipathie, Sympathie, Neutral

Hilfe beim Netzwerken

Bei Netzwerkveranstaltungen kann es sehr hilfreich sein, im Feuer zu bleiben. Immerhin ziehen Sie die Blicke auf sich und können die Menschen begeistern. Doch ich habe festgestellt, dass ich erfolgreicher neue Kontakte knüpfe, wenn ich mich nicht ständig in den Mittelpunkt spiele, sondern auch mal meinem Gegenüber die Bühne überlasse. Ich gehe in diesen Fällen in das Element Luft und zeige ehrliches Interesse an meinem Gegenüber. Wenn ich ihm Aufmerksamkeit geschenkt habe, bekomme ich danach häufig auch meine Redezeit, und ich habe eine stärkere Bindung zu der Person aufgebaut, als wenn ich vor lauter Selbstdarstellung die Anwesenden fast übersehe.

Hilfe für Feuer beim Netzwerken
Element: Luft
Gesten: Deuten, Sympathie

Hilfe in Beziehungen

Auch in Beziehungen kann es schlau sein, mal dem Lebenspartner das Rampenlicht zu gönnen. Das macht aus einer einseitigen anhimmelnden Beziehung eine gleichwertige auf Augenhöhe, an der Sie bestimmt länger Spaß haben. Es ist ja okay, wenn Sie zu 70 Prozent im Lichtkegel stehen, doch gönnen Sie der anderen Person zumindest die 30 Prozent.

Ich habe schon einige Männer und Frauen erlebt, die sowohl in der Beziehung als auch in der Freundschaft nur sich selbst präsentieren wollten. Sie reden stundenlang über sich, und kurz vorm Auflegen wird noch mal gefragt: »Und bei dir? Alles klar?« Als ich in den 20ern war, habe ich eine Freundin so behandelt, und sie hat dann irgendwann den Kontakt abgebrochen. Zu Recht, wie ich mittlerweile einsehe. Nun tut es mir sehr leid, denn mit der jetzigen Isabel hätte meine damalige Freundin bestimmt viel Spaß.

Um den Menschen, die Sie lieben oder zumindest sehr mögen, mehr Raum zu geben, können Sie in Luft gehen oder in Wasser. Mit der Luft hätten Sie dann mehr Neugierde und fröhliches Interesse zur Verfügung, und mit dem Wasser könnten Sie tief in die Gefühlswelt eintauchen und über Emotionen Nähe schaffen. Bei der Luft würde ich Deuten oder Sympathie zu Hilfe nehmen und beim Wasser entweder mit der Sympathie- oder der Innenraum-Geste arbeiten. Beide Elemente sind verbindend, und genau das brauchen tiefgehende Beziehungen. Probieren Sie es aus.

Hilfe für Feuer in Beziehung
Elemente: Luft, Wasser
Gesten: Sympathie, Deuten, Innenraum

Der Feuer-Supermann ist ein charismatischer Teufelskerl, der von vielen bewundert wird. Zusammen mit der Wasser-Superfrau kann er eine emotionale Bindung zu seinen Mitarbeitern aufbauen, mit der Luft-Superfrau regt er sich weniger über andere Menschen auf, und mit dem Erde-Supermann kann er bei Verhandlungen und in Konflikten die Ruhe bewahren.

Wann ist die Luft allein nicht ausreichend?

Vor vielen Jahren klopfte eine Führungskraft an meine Tür, die bei mir spontan ein Einzelcoaching buchte. Es war ein 60-jähriger Mann, der sich in seinem Unternehmen durch Leistung nach oben gearbeitet hatte. Er kam mit dem Problem, dass er sich nicht durchsetzen konnte. Er war bescheiden, sah sich immer noch als Teil des Teams, und jeder Mitarbeiter durfte ihn mit seinem Vornamen ansprechen. Das ist einerseits schön, um die Mitarbeiter zu motivieren und die Beziehungsebene zu pflegen, doch nun war er mittlerweile in der Position, in der er auch unbequeme Ansagen machen musste.

Hilfe bei der Führungskommunikation

Er war hauptsächlich ein Luft-Typ, und als zweites Element lebte er stark das Wasser aus. Sein Schwerpunkt lag also auf allen weiblichen Anteilen: Er stellte viel Nähe zu den Mitarbeitern her, aber die redeten im Büro mit ihm wie Kumpels am Kneipentresen. Und wenn er dann von verlängerten Arbeitszeiten sprach, dann kam nur ein »Nee, lass mal. Das wollen wir nicht.«. Und damit war das Thema vom Tisch. Zumindest für die Mitarbeiter.

Wir haben dann stark an einem souveränen Auftritt gearbeitet, über die Körpersprache, den Stimmsitz, die Atmung, die Betonung, die Wortwahl, mit allen rhetorischen Mitteln. Doch am meisten half ihm die veränderte Ausstrahlung, wenn er bewusst in Erde oder Feuer ging.

Mit Feuer hatte er anfänglich seine Probleme, weil er nicht

arrogant auftreten wollte. Doch Feuer ist nicht zwangsläufig arrogant. Es besteht nur die Gefahr der Arroganz, aber der können wir entgegenwirken. Wenn ich merke, dass ich zur Arroganz neige, dann gehe ich schnell in die Luft oder in das Element Wasser. Auch die Erde könnte mir dabei helfen, doch die lebe ich seltener aus, daher entsprechen die anderen beiden eher meiner Persönlichkeit.

Mein Coachee trat nun meistens in Erde vor seine Mitarbeiter, wenn er etwas Wichtiges ankündigte, und zeitweise auch in Feuer. Die neue innere Haltung sorgte dafür, dass zwar gegrummelt, aber die neuen Vorschläge viel eher akzeptiert wurden. In Mitarbeitergesprächen oder mal beim Smalltalk in der Kantine konnte er immer noch zeigen, dass er der Alte war, und somit die Luft und das Wasser rauslassen. Doch nun hatte er zwei Facetten mehr, die ihm halfen, seine Führungsposition zu stärken. Je nachdem, was er mit seinen Mitarbeiten besprach, halfen ihm unterschiedliche Gesten. Beim Grenzensetzen nutze er Antipathie in Erde, bei Ankündigungen Deuten oder Sympathie in Feuer. Und wenn es einfach nur um ein solides, souveränes Auftreten ging, dann passte in Erde auch die Neutral-, Sympathie- und Deuten-Geste.

Hilfe für Luft bei der Führungskommunikation
Elemente: Erde, Feuer
Gesten: Antipathie, Sympathie, Deuten, Neutral

Hilfe beim Präsentieren

Bei Präsentationen neigt die Luft dazu, ohne Punkt und Komma durch die Inhalte zu hetzen. Die Begeisterung ist spürbar, doch der Luft fehlen die einnehmende Präsenz des Feuers und die Fähigkeit, Pausen auszuhalten. Offiziell kann Feuer diese Pausen locker ertragen, um dem Vortrag mehr

Struktur zu geben, und inoffiziell, um sich bewundern zu lassen. Diese Pausen sind generell wichtig, damit die Zuhörer das Gesagte verdauen und sich dazu ihre eigenen Gedanken machen können. Erst wenn Fakten mit eigenen Emotionen verknüpft werden, brennt sich ein Gedanke im Gehirn fest. Wenn die Zuhörer also in den Pausen aus dem Zuhör-Modus entlassen werden und sich ihre eigene Meinung bilden, dann entstehen meistens Emotionen, und dadurch prägt sich das Gesagte ein.

Wenn die Luft allerdings redet, wie es ihr eigen ist, nämlich ohne sichtbar zu atmen, dann spüren die Zuhörer die Begeisterung, können sich aber kaum etwas merken. Wenn die Luft nur eloquent rüberkommen möchte, ist das in Ordnung. Möchte die Luft aber, dass der Kunde das Produkt kauft oder dass die Mitarbeiter die angesprochenen Ideen umsetzen, dann wären Pausen nicht nur sinnvoll, sondern dringend notwendig.

Damit die Luft die Pausen aushält, kann sie in Feuer gehen. Am besten kombiniert mit der Sympathie-Geste. Oder Sie gehen kurzfristig in die Erde, denn auch die kann eine Pause entspannt überbrücken. Da das Feuer bei Präsentationen die besseren Karten hat, würde ich in diesem Fall jedoch eher das Feuer auswählen, weil Sie dann theoretisch auch während des gesamten Vortrags in Feuer bleiben können, anstatt wechseln zu müssen.

Hilfe für Luft beim Präsentieren
Element: Feuer
Geste: Sympathie

Hilfe beim Verhandeln

In Preisverhandlungen, wo Sie als Einkäufer dem Verkäufer gegenübersitzen, wäre die Erde optimal. Denn die Erde ist perfekt in Verhandlungen, und theoretisch können Sie während der gesamten Verhandlung in Erde bleiben. Möchten Sie die dargebotene Zahl noch nicht akzeptieren, dann können Sie die Erde mit der Antipathie-Geste kombinieren oder auch mit der Neutral-Geste, um ein perfektes »Pokerface« aufzusetzen.

Hilfe für Luft beim Verhandeln
Element: Erde
Gesten: Antipathie, Neutral

Hilfe für Präsenz

Im Privatleben ist der Luft-Typ häufig der beste Kumpel, der gute Freund, aber nicht die Frau oder der Mann, in den sich alle verlieben. Schön für die anderen, denn dadurch bekommen sie die Luft als guten Freund und können mit ihm alle Abenteuer erleben. Für leidenschaftliche Beziehungen halten sie sich dann doch lieber an den Feuer-Typen. Und wenn das schiefgeht, dann können sie sich wieder von ihrem Luft-Freund trösten lassen.

Wenn Sie so ein Luft-Typ sind, dem das immer wieder passiert, und aus diesem Kreislauf aussteigen möchten, dann arbeiten Sie an Ihrer Präsenz, indem Sie in Feuer gehen. Am besten in Kombination mit der Sympathie-Geste. Und wenn es dann um einfühlsame Gespräche geht, dann hilft das Element Wasser, damit Sie in die nötige emotionale Tiefe kommen. In der Kombination sind Sie dann der perfekte Lebenspartner und werden hoffentlich nicht mehr für einen Feuer-Typen stehengelassen.

Auch im beruflichen Umfeld können Sie das Feuer nutzen, um präsenter zu sein. Luft-Mitarbeiter betreten manchmal einen Raum, und wenn sie irgendwann wieder gehen, fragt sich jeder, ob sie überhaupt da waren. Die Luft ist häufig so unscheinbar, so flüchtig und verschmilzt derart mit der Wand, dass keiner mitbekommt, ob sie heute Innen- oder Außendienst hatte. Um mit mehr Präsenz wahrnehmbar durchs Büro zu gehen, können Sie Feuer sowohl mit der Sympathie als auch mit der Deuten-Geste kombinieren.

Hilfe für Luft für Präsenz
Elemente: Feuer, Wasser
Gesten: Sympathie, Deuten

Hilfe beim Fokussieren

Luft-Typen neigen zu Logorrhö. Das ist das altgriechische Wort für Sprechdurchfall oder krankhafte Geschwätzigkeit. Daran scheitern manche Führungskräfte, weil sie einfach nicht auf den Punkt kommen und sich kaum einer dieses Geschwafel auf Dauer anhören möchte.

Hier reicht häufig nicht der alleinige Hinweis auf die Nettobotschaft von Lutz Herkenrath, sondern vielmehr der Wechsel in die Erde. Sobald die Luft in der Erde ist, am besten in der Neutral-Geste, hört der Sprechdurchfall auf. Denn die Erde ist schwer, überlegt sich genau, was sie sagt, und macht den Mund erst auf, wenn sie weiß, was hinter dem Gleichheitszeichen steht.

Es kann eine Weile dauern, bis die Luft das Element Erde souverän und authentisch hinbekommt, doch wenn Sie es schaffen, dann können Sie ein großes Problem der Luft lösen.

Die Luft hat häufig großartige, manchmal sogar geniale Ideen. Sie ist kreativ ohne Ende. Falls Sie selbstständig sind und alleine arbeiten, dann wäre es schlau, nach dem Sammeln dieser tollen Ideen mal kurz in die Erde zu gehen, um die Umsetzbarkeit zu überprüfen. Die schönsten Ideen bringen nichts, wenn sie der Realität nicht standhalten.

Mir geht es selbst so: Ich bin schnell begeistert von neuen Ideen und denke dann immer, dass ich das bestimmt schnell umsetzen kann. Deswegen überhäufe ich mich manchmal mit Projekten, die ich alle spannend finde. Doch dann dauert die Umsetzung länger als gedacht, ich schiebe Nachtschichten und ärgere mich schwarz, dass ich nicht vorher darüber nachgedacht habe, wie lange ich für die Umsetzung brauchen würde.

Es ist immer wieder eine Herausforderung für die Luft, bei der anfänglichen Begeisterung an die nüchterne Erde zu denken. Doch wenn Sie in solchen Momenten in die Erde gehen, dann erspart Ihnen das so manche Nachtschicht.

Die nächste Herausforderung für die Luft beim Fokussieren ist, dass sie schnell die Lust verliert. Ein neues Projekt macht am Anfang noch Spaß, aber die komplette Umsetzung ist dann eher zähe Arbeit, und darauf hat die Luft keine Lust.

Mir geht es immer mal wieder so, wenn ich ein neues Hörbuch einspreche. Am Anfang habe ich noch richtig viel Spaß, aber nach einigen Stunden ist es dann nur noch Arbeit. Und wenn ich nicht aufpasse, verliere ich die Lust. Wenn dies allerdings passiert, dann klingt das Endergebnis nicht so fröhlich und ungezwungen wie sonst.

Und deswegen lege ich regelmäßig Pausen ein, verteile die Aufnahme auch gerne auf mehrere Tage, so dass ich jeden Tag nur zwei oder drei Stunden Texte einspreche und zwischendurch immer wieder mit dem Aufnahmeleiter herumalbern kann. Ich sorge selbst dafür, dass ich den Spaß an der Sache nicht verliere, indem ich mich bewusst auf die Luft konzentriere. Und das, obwohl ich selbst ein Luft-Typ bin, denn nach einigen Stunden Arbeit verabschiedet sich der Luft-Typ in mir, und der genervte Wasser-Mensch tritt an dessen Stelle. Daher ist es schlau, dass ich mir die Luft immer wieder zurückerobere.

In Familien ist die Luft häufig die Person, die mit ständig neuen Ideen ankommt. Die klingen oft spannend, und die Familie lässt sich von dem Strudel der Begeisterung mitreißen. Doch wenn es an die Umsetzung geht, ist die Luft auf einmal nicht mehr auffindbar. Das mag niemand auf Dauer, und deswegen ist es ratsam, in diesem Fall ins Feuer zu gehen, damit Sie weiterhin für Ihre eigenen Ideen brennen – oder in Erde, um die Umsetzung solide anzugehen. In beiden Fällen würde ich die Sympathie-Geste dazukombinieren.

Hilfe für Luft beim Fokussieren
Elemente: Erde, Feuer
Gesten: Neutral, Sympathie

Die Luft-Superfrau ist ein sympathischer Freund, der bei der Aussicht auf lustige Abenteuer stets als Erster einen Schritt nach vorn macht. Mit der Wasser-Superfrau bekommt sie auch wunderschöne Liebesgedichte hin, mit dem Erde-Supermann kann sie Versprechen einhalten, und mit dem Feuer-Supermann hält sie Präsentationen, bei denen der Funke überspringt.

5. Herr Stegmann und seine Kunden

Pah! Der Wahnsinn. Ulrich Stegmann schnippt mit dem Finger einen Fussel vom Tisch und schaut danach gedankenverloren aus dem Fenster. Er hat sich setzen müssen. Gleich nach dem Meeting war für ihn klar gewesen, dass er erst einmal verschnaufen muss. Seine Knie sind noch ganz wackelig, und er kann nicht glauben, was er eben erlebt hat.

Aua! Der Kneiftest ergab, dass er nicht träumt. Wie simpel es gewesen war und wie einfach. Er hat die nächste Stufe beim Training mit den Elementaren Kommunikationstypen erreicht: Seit neuestem überlegt er im Vorfeld, welcher Mitarbeiter und welcher Kunde in welchem Element ist. Bei Herrn Runge eben war klar, dass er Feuer ist. Genauso klar, wie die Kunze das damals bei ihm gesehen hatte.

Da Feuer gerne auf der Bühne steht, hat Herr Stegmann eben im Meeting gar nicht erst versucht, seinen Kunden zu überzeugen. Stattdessen hat er ihn erst einmal in Luft begrüßt und ihm im Tiefstatus klar signalisiert, dass Runge hier als Einziger im Scheinwerferlicht steht. Dass niemand so wichtig ist wie er. Das gefiel Runge sichtbar.

Dann hatte Stegmann gefragt: »Was brauchen Sie, um bei dem Projekt mit einzusteigen?«

Und Runge hatte geantwortet: »Was ich brauche? Ich dachte, Sie stellen mir jetzt Ihre Konditionen vor?«

»Das mache ich auch noch, aber im ersten Schritt möchte ich wissen, was Ihnen wichtig ist. Damit wir gemeinsam entscheiden können, ob dieses Bauprojekt überhaupt das richtige Prestigeobjekt für Sie ist. Es geht mir in diesem Moment um Sie und weniger um mein Projekt. Wenn ich Sie zu etwas überreden würde, das gar nicht zu Ihnen passt, dann werden wir beide keinen Spaß an der Zusammenarbeit haben.«

Das hatte Runge gefallen, und er hatte daraufhin erst einmal berichtet, wie wichtig sein Unternehmen bei diesem Projekt wäre und wie sein Image auf das Produkt abfärben würde. Dass er gerne mit dabei wäre, aber natürlich für einen ordentlichen Preis, denn immerhin sei die Kraft GmbH eher auf ihn angewiesen als er auf sie.

Stegmann hatte sich alles angehört, ein paar Fragen gestellt und sich eifrig Notizen gemacht. Als klar war, dass Runge gerne einsteigen wollte, ist er in die Erde gewechselt und hat seine Konditionen präsentiert: »Wenn Sie uns noch zehn Prozent im Preis entgegenkommen, dann werden wir uns einig.«

Daraufhin hatte Runge im ersten Moment verwirrt dreingeschaut, sich aber schnell erholt: »Nein. Das geht auf gar keinen Fall, weil ich schon mit dem vorliegenden Angebot weit unter dem Preis liege, den ich verhandeln darf. Und Sie dürfen nicht vergessen, dass viele andere Kunden ebenfalls einsteigen werden, sobald die mitbekommen, dass wir mit dabei sind. Mit uns erzeugen Sie eine Sogwirkung, und das sollte Ihnen schon einiges wert sein. Wir haben es ja eigentlich nicht nötig, bei so einem experimentellen Projekt mit einzusteigen, bei dem noch nicht mal garantiert ist, dass der Markt sich darauf einlässt. Die Kraft GmbH ist auf uns angewiesen, und nicht anders herum, also werde ich Ihnen keinen Cent weiter entgegenkommen.«

Stegmann jedoch war unerschütterlich in Erde geblieben: »Mir ist bewusst, dass die Zusammenarbeit mit Ihnen eine Wertsteigerung darstellt. Und ich würde mich freuen, wenn Sie dabei wären. All diese Punkte habe ich in meinem Angebot schon berücksichtigt. Und es bleibt dabei, dass wir uns nur einig werden, wenn Sie mit dem Preis noch zehn Prozent runtergehen.«

Runge hatte daraufhin noch einen zaghaften Versuch gestartet, doch bald abgebrochen, als ihm die Sinnlosigkeit seines Redens bewusst wurde. Danach hatten beide geschwiegen. Auf ihre Zettel geschaut, sich etwas notiert und sich dann wieder angeschaut. Schweigend.

Schließlich hatte Runge »sechs Prozent« auf einen Zettel geschrieben und ihn wortlos zu Runge rübergeschoben. Stegmann hatte gelesen, die Zahl entspannt durchgestrichen, eine »8« daraufgeschrieben und den Zettel zurückgeschoben.

Und Runge hatte genickt, und sie hatten sich die Hand gereicht.

Das Ergebnis lag weit über Stegmanns Erwartungen. Er hatte gedacht, dass der gewiefte Runge seinen überhöhten Preis durchsetzen würde, doch seine Strategie war aufgegangen.

Langsam aber sicher schleicht sich ein breites Grinsen in sein Gesicht. Er steht auf, holt eine kleine Sektflasche aus dem Kühlschrank und geht zu Frau Winters Büro. Das muss gefeiert werden. Unglaublich. Leise glucksend vor Freude klopfte er an Frau Winters Tür.

Wer braucht was?

Die persönliche Analyse haben Sie an diesem Punkt wahrscheinlich schon hinter sich und haben eine Ahnung, welche Elemente Sie bisher ausleben und was für Stärken Sie somit haben.

Durch die klassische Konditionierung haben Sie auch schon die Möglichkeit bekommen, sich aktiv weiterzuentwickeln, um in Zukunft noch besser kommunizieren zu können. Was fehlt noch? Eine Idee davon, wie die einzelnen Elemente angesprochen werden wollen, wenn sie personifiziert vor Ihnen sitzen. Wenn Sie einen Erde-Kunden haben, eine Luft-Tochter, eine Feuer-Ehefrau oder einen Wasser-Kollegen, dann würden Sie bestimmt gerne wissen, wie Sie sich am besten auf diese Menschen in Ihrem Leben einstimmen können.

Stets die richtige Ansprechhaltung zu finden, wird häufig als hohe Kunst angesehen. Ich habe immer wieder Gespräche mit Geschäftsinhabern oder Personalleitern, die mich bitten, ihren Mitarbeitern genau das zu zeigen. Dieser Bitte komme ich gerne nach, indem ich dem Team mein Modell der Elementaren Kommunikationstypen beibringe.

Da sich unsere Gedanken im ganzen Körper auswirken und somit auch die Elemente mit den Gesten, ist es die effektivste Methode zur Einstellung auf unterschiedliche Gesprächspartner, die ich kenne. Und das Schöne ist, dass es nicht wirklich schwer ist, auch wenn dieses Modell am Anfang für viele noch ungewohnt ist.

Nachdem Sie nun also an sich gearbeitet haben, zeige ich Ihnen, wie Sie sich am besten auf Ihr Gegenüber einstellen können. Denn an anderen können wir in der Regel nicht arbeiten – wir müssen die Menschen nehmen, wie sie sind. Wie wir mit ihnen umgehen: Darauf haben wir allerdings durchaus einen Einfluss.

Die passende Ansprechhaltung für Erde

Wenn Sie einen Erde-Kunden vor sich sitzen haben, freut er sich, wenn Sie auch in die Erde gehen. Dann werden Sie möglicherweise gemeinsam weniger reden, als Sie normalerweise alleine bei einem Verkaufsgespräch sprechen würden, aber genau damit fühlt sich dieser Kunde wohl.

Wenn Sie selbst in Erde sind, werden Sie ihn nicht mit unnötigem Smalltalk quälen und stattdessen sofort auf den Grund Ihres Treffens zu sprechen kommen. Genauso möchte er es haben. Macht der Kunde eine Pause, um nachzudenken, dann gewähren Sie ihm diese kleine Auszeit im Gespräch. Wenn Sie in Erde sind, wird es Ihnen leichtfallen, gemeinsam zu schweigen.

Starten Sie mit dem Kunden die Preisverhandlungen, dann bin ich gespannt, wer beim Schweigen den längeren Atem hat. Derjenige gewinnt nämlich. Ich habe schon von manchen Verkaufsgesprächen gehört, wo das Schweigen über zehn Minuten gedauert hat. Irgendwann wird einer respektvoll aufgeben, anerkennend nicken und entweder den Preis akzeptieren oder einen neuen Vorschlag machen.

Wenn Sie mit der Erde telefonieren, dann wundern Sie sich nicht, wenn Sie am anderen Ende der Leitung nichts hören. Erde hört zu, wenn Sie reden, ohne ständig zustimmende Grummellaute von sich zu geben. Und wenn Sie die Erde etwas fragen, dann entsteht manchmal eine so lange Pause, dass Sie mal kurz das Telefon vom Ohr nehmen, um zu schauen, ob die Verbindung noch steht. Ja, die Erde ist noch da. Sie überlegt nur. Gönnen Sie ihr diese Zeit.

Vor allem bei einem lieben Bekannten, der häufig in Erde ist, erlebe ich es regelmäßig, dass ich nach einer Weile das Gefühl habe, wir hätten uns nichts mehr zu sagen. Also leite ich das Ende des Gesprächs ein mit: »Okay. Dann sehen wir uns …« Doch auf einmal fängt er wieder mit einem neuen Thema an. Ich steige darauf ein, bis ich wieder das Gefühl habe, dass mein Gegenüber nichts mehr sagen möchte, und starte wieder mit »Okay. Dann sehen wir uns nächste …«. Und wieder stellt mein Gegenüber mir eine Frage, und das Gespräch beginnt erneut. Das sind häufig skurrile Telefonate, vor allem für Menschen, die nicht in Erde sind. Wenn Sie die Erde in sich zulassen, wird Ihnen das weniger ungewöhnlich vorkommen.

Sie brauchen der Erde auch nicht so viele Komplimente zu machen, dass verwirrt ihn nur. Dieser Kunde braucht das nicht und denkt dann eher, dass Sie ihm Honig um den Mund schmieren wollen. Dann ist er viel mehr auf der Hut, als wenn Sie sich die meisten Komplimente sparen. Mal ein oder zwei sind in Ordnung, aber nicht mehr, sonst wirkt es auf die Erde wie Schleimerei.

Der Erde ist es wichtig, dass Sie pünktlich sind. Nicht zu früh und nicht zu spät, sondern pünktlich und gut vorbereitet. Wenn Sie Ihren Kunden im Büro oder privat besuchen, dann treten Sie bitte bescheiden auf und fassen nicht sofort alle Gegenstände an, die im Raum herumstehen. Keine Ablenkung, konzentrieren Sie sich einfach nur aufs Business. Wenn Sie dies beherzigen, dann wird sich der Erde-Kunde irgendwann von alleine öffnen, weil er Ihnen vertraut.

Wobei ein Öffnen bei Erde bedeutet, dass er mal ein oder zwei private Sätze von sich gibt.

In Konflikten, bei Verhandlungen, bei Präsentationen, bei Telefonaten, bei der Begrüßung und bei der Verabschiedung: Gehen Sie in die Erde und bleiben Sie dort. Alles andere findet die Erde anstrengend. Feuer empfindet er als Blender, die

Luft ist ihm mit der dauernden Quasselei zu anstrengend und das Wasser suspekt, weil es ihm viel zu gefühlsduselig ist. Für eine schnelle emotionale Öffnung einer anderen Person gegenüber hat die Erde wenig Verständnis. Testen Sie andere Elemente erst gar nicht. Es sei denn, der Kunde wechselt das Element. Genauso wie Sie nutzt er ja möglicherweise auch mehrere Elemente, und es kann gut sein, dass er bei der Begrüßung in der Luft ist und erst bei den Verhandlungen in die Erde geht. Solange er in Erde ist, bleiben Sie es auch.

Wie Sie optimal auf Luft zugehen können

Kommen wir zur Luft, zum Beispiel in Person der erwähnten Luft-Tochter. Bei ihr können Sie im Gegensatz zur Erde mit den Elementen spielen und schauen, was am besten ankommt. Wenn Sie viel Spaß haben wollen, dann gehen Sie beim Spielen am besten auch in die Luft. Haben Sie allerdings eine sehr junge Tochter, dann wird deren Energiepegel nach kurzer Zeit so weit nach oben schnellen, dass Sie sie kaum wieder ruhig bekommen. Das würde ich mir also gut überlegen und nicht zu oft machen.

Die Luft ist unkompliziert und kommt mit jedem anderen Element klar. Da die Luft sich gerne führen und lenken lässt, können Sie den Ton angeben. Wenn Sie die kleine Tochter zum Beispiel abends ins Bett bringen, dann würde ich an Ihrer Stelle die Gute-Nacht-Geschichte in Wasser vorlesen. Der einlullende Singsang des Wassers und die ruhige und tiefe Sprechweise sorgen dafür, dass Ihre Tochter schnell müde wird und einschläft. Wenn Sie die Geschichte in Feuer oder

Luft vorlesen würden, dann würde es Ihre Tochter eher aufwecken, anstatt sie müde zu machen. In Erde könnten Sie auch vorlesen, doch das wäre auf Dauer langweilig. Das Wasser kann ja viel mehr Emotionen in die Geschichte packen.

Wenn Sie mit der Luft telefonieren, haben Sie hoffentlich viel Zeit eingeplant, denn die Luft redet und redet und redet und stellt immer wieder neue Fragen, so dass ein »kleines« Telefonat sich locker auf eine Stunde ausdehnen kann. Es sind ohne Zweifel lustige, anregende Gespräche, doch eben sehr Zeit raubende. Wenn Sie den Redefluss stoppen möchten, bevor Ihr Ohr zu heiß wird, dann gehen Sie in Erde. Fragen Sie die Luft, warum sie anruft, und sagen Sie kurz und knapp, dass Sie nur noch ein Zeitfenster von fünf Minuten haben.

Vermeiden Sie es vor allem, selbst in Luft zu gehen, sonst verlängern Sie das Gespräch auf zwei Stunden. Ich habe einen Freund, der mir mal fassungslos berichtet hat, dass seine Lebenspartnerin stundenlang mit ihrer besten Freundin telefonieren kann, ohne eine nennenswerte Botschaft von sich zu geben. Er war Erde. Er konnte das nicht verstehen. Aber sie ist nun mal Luft, und ihre beste Freundin auch. Für die beiden ist das Normalität.

Wenn es darum geht, dass die Luft-Tochter einen Schokoriegel haben oder noch eine halbe Stunde länger fernsehen möchte (oder wenn Ihr Luft-Mitarbeiter eine unmögliche Gehaltserhöhung fordert), dann gehen Sie auch in die Erde, um eine klare Grenze zu setzen und sachlich Nein zu sagen.

Um das Geheule, Gejammere, den Widerstand und die Auflehnung werden Sie nicht herumkommen, denn kleine Kinder sind die ganze Zeit dabei, ihre Grenzen zu testen. Und das tun sie mit aller Raffinesse. Am schnellsten können Sie Ihre Regeln durchsetzen, wenn Sie bei den Ansagen entspannt und sachlich in der Erde bleiben und sich nicht auf

Diskussionen einlassen. Dies gilt allerdings nur, wenn Sie Ihr Kind erziehen wollen. Wenn Sie sich im Sinne der gewaltfreien Kommunikation darauf einlassen, dass die Bedürfnisse Ihres Kindes genauso wichtig sind wie Ihre eigenen, dann wäre es sinnvoller, in die neugierige Luft oder das mitfühlende Wasser zu gehen. So könnten Sie herauszufinden, warum der fragliche Punkt Ihrem Kind so wichtig ist und was für ein Gefühl und Bedürfnis dahintersteckt, um dann mit einer ernstgemeinten Bitte Ihren Wunsch nach einem friedvollen Miteinander zu äußern.

Ganz wichtig ist einem Kind generell, dass es sich geliebt fühlt. Luft-Ehepartnern zum Beispiel auch. Deswegen dürfen Sie so oft es geht in Wasser gehen, wenn Sie die Luft in den Arm nehmen oder ihr sagen, wie lieb Sie sie haben.

Das Feuer brauchen Sie bei Luft nur, wenn Sie sie als Kunden haben und von einer Idee begeistern wollen. Die Luft lässt sich gerne von Feuer anzünden. Wenn die Tochter in die Pubertät kommt oder anfängt zu studieren, gilt dasselbe: Mit der Luft können Sie als flippiges Elternteil gemeinsam mal einen draufmachen, in der Erde sprechen Sie klar an, was Sie sich wünschen, und im Wasser können Sie Verständnis zeigen, dass sie sich natürlich ausprobieren möchte. So finden Sie vielleicht sogar heraus, warum sie mal über die Stränge schlägt.

Was braucht Ihr Feuer-Gesprächspartner?

Die Feuer-Ehefrau kann eine Furie sein. Sie möchte stets die Bühne haben. Einerseits ist sie der Himmel auf Erden und anderseits sehr anstrengend, wenn sie nicht das bekommt, was sie haben möchte.

Bei Ihrer Ehefrau gehen Sie bitte nur parallel ins Feuer, wenn es leidenschaftlich wird. Ansonsten überlassen Sie ihr die Bühne. Wenn Sie sich ständig gegenseitig aus dem Rampenlicht schupsen, dann wird es eine anstrengende Ehe.

Wenn sie etwas erzählt, dann können Sie in Luft oder Erde zuhören. Im Endeffekt ist es der Frau egal, sie möchte ja nur die Aufmerksamkeit haben. Solange Sie schweigen und sie sogar ein bisschen bewundern, ist alles gut.

Damit es mit der Bewunderung klappt, wäre natürlich die Luft das richtige Element. Zuhören können beide Elemente, aber für das Anhimmeln ist die Luft zuständig.

Ich würde an Ihrer Stelle nicht zu oft in Wasser gehen, denn Feuer findet Wasser schrecklich anstrengend. Die ganzen Emotionen und Bedenken des Wassers lenken vom Feuer ab, und das findet sie nicht lustig. Und wenn das Wasser die Ehefrau anhimmelt, ist ihr das zu weich.

Eine Feuer-Frau braucht einen starken Mann an ihrer Seite, und daher ist die Erde in vielen Situationen der perfekte Gegenspieler.

Wenn Sie mit Feuer telefonieren, dann dauern die Gespräche ähnlich lang wie bei einem Luft-Typen, nur haben wir es beim Feuer mit einem Monolog zu tun, während die Luft auf einen Dialog aus ist. Feuer möchte auch bei einem Telefonat die Bühne und somit die Sendezeit haben.

In diesem Fall ist es schlau, in Luft zu gehen, wenn Sie der Feuer-Ehefrau zeigen möchten, wie toll Sie sie finden. Denn Luft wird immer mal wieder zustimmend »Echt?« oder »O je« oder »Wahnsinn« von sich geben, was das Feuer als eine andere Art von Applaus empfinden wird.

Da Erde am Telefon keinen unnötigen Mucks von sich gibt, fühlt sich das Feuer zu wenig angehimmelt – keine gute Wahl.

Wasser ist aus den genannten Gründen auch am Telefon eine ungünstige Variante, weil Wasser das Feuer im wahrsten Sinne des Wortes löschen kann. Doch Feuer will brennen, und als Brennholz fungiert die Anerkennung.

Somit ist Luft beim Telefonat mit dem Feuer die beste Wahl.

Mit der Erde können Sie versuchen, der Feuer-Ehefrau ein paar Grenzen zu setzen, die sie oft natürlich mit Wonne wieder niederfackeln wird. Aber wenn überhaupt ein Element dem Feuer Einhalt gebieten kann, dann die Erde.

Romantische Liebesgedichte schreiben Sie am besten in Feuer, und auch die Liebeserklärung an sich können Sie gerne in Feuer vortragen. Doch bleiben Sie nicht zu lange in diesem Element. Es ist viel entspannter, wenn Sie immer mal wieder in die Luft gehen und für die nötige Bewunderung sorgen.

In die Erde zu gehen ergibt Sinn, wenn Sie ihr das Autofahren beibringen, ihr die neue Alarmanlage erklären oder ihr klarmachen, dass ein zweites Auto in diesem Jahr finanziell nicht drin ist. Die Erde bringt Ruhe rein und wirkt stark genug, dass das Feuer es ernst nimmt.

Bei einem Feuer-Kunden wäre das Vorgehen ähnlich. Nur die reine Präsentation würde ich vielleicht in Feuer vortragen, doch bei den Verhandlungen ist die Erde am überzeugendsten, und für das Anhimmeln im Vorfeld und im Anschluss ist die Luft zuständig.

Mein Vater ist, wie erwähnt, immer mal wieder im Feuer-Element. Und es ist nicht so leicht, ihn von etwas zu überzeugen, das er nicht möchte. Ich mache immer mal wieder den Fehler, das Anhimmeln zu vergessen und gleich mit Sachargumenten zu kommen. Da schaltet das Feuer auf stur.

Wenn mein Vater mit zig Ausreden erklärt, warum er nicht wie versprochen seinen Spaziergang gemacht hat, dann höre ich ihm zu und zeige für alles Verständnis. Das Wichtigste ist, dass ich den Kontakt nicht verliere und somit weiterhin im Gespräch bleibe. Wenn die Schotten erst einmal runtergefahren wurden, dann ist das Gespräch beendet, und ich werde meinen Vater nicht dazu bringen, mehr Sport zu treiben.

Weil ich das aber möchte, damit er gesund altert, gehe ich schnell in die Luft und nehme ihn mit all seinen Argumenten ernst, auch wenn sie wie Ausreden klingen. Mir persönlich fällt es nicht schwer, meinen Vater zu bewundern, weil ich das von Herzen tue. Ich finde ihn großartig und kann mit seinen Macken ebenso gut umgehen wie er mit meinen.

Versuchen Sie Feuer-Typen gegenüber die gleiche Haltung anzunehmen. Seien Sie neugierig, zeigen Sie Verständnis, und hören Sie zu. Am besten in Luft.

Bitte aktivieren Sie so selten wie möglich Wasser, wenn Sie mit einem Feuer-Typen reden. Selbst wenn Sie etwas Emotionales erzählen wollen, wäre es schlau, dies etwas versachlicht in Erde oder ebenfalls in Feuer oder vielleicht auch in Luft vorzutragen. Probieren Sie gern alles, nur nicht Wasser.

Wie Wasser angesprochen werden möchte

Und wo wir schon beim Wasser sind, machen wir gleich mit dem Wasser-Kollegen weiter. Wenn Sie mit ihm ein wertschätzendes Gespräch führen wollen, dann gehen Sie am besten selbst in Wasser. Wenn beide in Wasser sind, dann plätschert das Gespräch entspannt vor sich hin, und beide fühlen sich verstanden.

Bitte nicht unter Zeitdruck dieses Gespräch anfangen, denn für ein Wasser-Gespräch brauchen Sie Luft nach hinten. Sogar wenn Sie selbst Feuer sind und Wasser Sie normalerweise wahnsinnig macht, dann halten Sie es recht gut aus, wenn Sie auch in Wasser gehen.

Möchten Sie von dem Kollegen allerdings schnell wichtige Informationen bekommen, dann gehen Sie am besten in Erde in das Gespräch und stellen kurze, klare Fragen. Scheuen Sie sich nicht, das Wasser zu unterbrechen, wenn es wieder zu weit ausholt. Erklären Sie entspannt und ohne aggressiven Unterton Ihre Intervention mit Zeitdruck und führen Sie den Kollegen mit Fragen wieder zum roten Faden zurück. Das bekommen Sie in Erde ohne weiteres hin.

Wenn Sie mit dem Wasser telefonieren, kann das Gespräch schon mal ähnlich lange dauern wie bei Luft und Feuer. Es ist auch meistens ein Dialog wie bei der Luft, doch reden Sie in diesem Fall über tiefsinnige, emotionale Themen. Alles Oberflächliche sparen Sie aus.

Möchten Sie mit diesem Wasser-Kollegen ein Telefonat führen, welches die Beziehungsebene stärkt, dann gehen Sie in Wasser. Möchten Sie schnell für Sie wichtige Antworten bekommen, dann gehen Sie in die Erde.

Mit Feuer und Luft werden Sie beim Telefonieren mit einem Wasser-Menschen nicht weit kommen.

Auch wenn sich Ihr Kollege als Energieräuber entpuppt, der nur um des Jammerns willen jammern möchte und keine Lust auf Lösungen hat, ist die Erde super, um sich dem emotional zu entziehen und Grenzen zu setzen. Keine bösen Grenzen, sondern einfach nur eine sachliche, klare Abgrenzung zu diesem Energie-Klau.

Womit dieser Kollege nicht klarkommt, ist die Luft. Die ist ihm einfach zu hektisch und zu oberflächlich. Das Wasser möchte Tiefe und Emotionen. Deswegen unterhält sich Wasser auch viel lieber mit Feuer. Wenn Sie den Wasser-Kollegen von einer Idee begeistern möchten, dann dürfen Sie also gerne in Feuer gehen. Das Wasser hat mit dem Feuer selten Probleme. Wenn Sie es im Feuer aushalten, mit Wasser zu reden, auch wenn dann sehr langsame, bedenkliche Rückfragen kommen, dann ist alles gut in diesem Gespräch. Zur Not können Sie ja auch nach der Präsentation in Feuer wieder in die Erde oder ins Wasser gehen, um alle Fragen des Kollegen zu beantworten. Haben Sie mit dem Wasser Streit, dann gehen Sie in die Erde.

Smalltalk führen Sie mit diesem Kollegen dann am besten in Wasser, auch wenn es dann kein Smalltalk im eigentlichen Sinne mehr ist.

Nutzen Sie beim Wasser-Kollegen also bei allen möglichen Gesprächen am besten das Wasser. Bei Verhandlungen, Streitigkeiten oder wenn Sie schnell an Informationen kommen wollen, ist die Erde perfekt. Mit dem Feuer können Sie das Wasser für eine Idee begeistern, aber die Luft lassen Sie am besten außen vor. Wasser kommt mit der Luft nicht klar.

Ein Hinweis zum Schluss: Wenn ich Menschen die Elementaren Kommunikationstypen vorstelle, bekomme ich manchmal Kommentare wie: »Bei dem müsste ich gemäß der Theorie in Erde gehen, aber genau das funktioniert bei ihm irgendwie nicht.«

Ja, das kann passieren. Ich berichte von meinen langjährigen Erfahrungen und mache dementsprechend Vorschläge. In der Mehrzahl der Fälle funktionieren sie, doch Ausnahmen bestätigen natürlich immer mal wieder die Regel – auch bei den Elementaren Kommunikationstypen. Vielleicht merken Sie, dass Sie perfekt mit Feuer reden können, wenn Sie selbst in Wasser sind. Das wäre mir zwar völlig neu, aber unmöglich ist es vermutlich nicht.

Jeder Mensch hat jedes Element in sich und kann natürlich auch ohne Vorwarnung von einem Element ins nächste schlittern. Die Tochter ist nicht immer Luft, die Frau nicht immer Feuer, der Kunde nicht immer Erde und der Kollege nicht immer Wasser.

Bleiben Sie in der Kommunikation achtsam, und schauen Sie immer wieder genau hin, in welchem Element sich Ihr Gegenüber aufhält.

Es gibt keinen einzigen rhetorischen Tipp auf dieser Welt, der immer und bei jedem Menschen funktioniert. Gott sei Dank! Das sorgt dafür, dass es noch Überraschungen gibt und das Leben spannend bleibt. Bleiben Sie neugierig, und machen Sie Ihre eigenen Erfahrungen. Und ich bin mir sicher, dass die Ausnahmen sich in Grenzen halten werden.

Epilog: Herr Stegmann nach dem Upgrade

Wo war die noch? Friedrich Kraft sucht in seinem E-Mail-Ordner die Rechnung von Frau Kunze. Obwohl Kraft noch zu der Generation gehört, die ihre Probleme meistens alleine gelöst hat, ist er doch froh, dass er den Stegmann zum Seminar bei Frau Kunze geschickt hat. Der Mann ist wie ausgewechselt.

Na ja, nicht ganz. Das mit dem Smalltalk wirkt immer noch etwas linkisch. Aber er hält mittlerweile Präsentationen, bei denen die Kunden ihre Smartphones freiwillig zur Seite legen. Und das Wichtigste ist für Friedrich Kraft, dass der Stegmann sich nun endlich mal auf seine Mitarbeiter und sein Team einlässt. Diese Kleinkriege und Lästereien im Büro waren vor einigen Monaten noch sehr nervig und Zeit raubend. Als ob er Lust hätte, sich mit so einem Kindergarten zu beschäftigen.

Doch mittlerweile ist dies vorbei. Herr Stegmann scheint seine Mitarbeiter mehr abzuholen und schafft es sogar, ein Wir-Gefühl im Team zu erzeugen. Er und Frau Winter werden wohl keine besten Freunde mehr in diesem Leben, aber haben zumindest einen entspannten Umgangston gefunden. Und neulich, er hat seinen Augen kaum getraut, ist der Stegmann tatsächlich mit einer Sektflasche in ihrem Büro verschwunden.

Und wie er letztens das Meeting geleitet hat und trotz der vielen Fragen stets das Zepter in der Hand behielt, das war einfach schön zu sehen.

Stegmann ist immer noch Stegmann, aber irgendwie ... Kraft überlegt, was er empfindet und wie er es am besten in Worte fassen kann. Es stimmt schon, dass der Stegmann immer noch er selbst ist, mit seinem chaotischen Schreibtisch und seiner kreativen Denkweise. Doch er ist mittlerweile eine bessere Variante seiner selbst.

Ah, da ist die Rechnung. Gut, dann soll die Kunze auch ihr Geld bekommen. Friedrich Kraft bittet seine Assistentin um die Überweisung und schaltet danach den Rechner aus.

Feierabend.

Hier finden Sie die im Buch verwendeten URLs zu den QR-Codes:

Deuten: Das Interesse am Gegenüber
https://www.youtube.com/watch?v=9XfRpTqlBDA

Innenraum: Die emotionale Tiefe
https://www.youtube.com/watch?v=LEGIXWzIu54

Zweifel: Die Unentschlossenheit
https://www.youtube.com/watch?v=6_yCjcdkBOg

Antipathie: Die entschlossene Abgrenzung
https://www.youtube.com/watch?v=5h8CY-J2lAY

Sympathie: Die Selbstliebe
https://www.youtube.com/watch?v=V0OIHTIqNME

Neutral: Die Sachlichkeit
https://www.youtube.com/watch?v=kbBSIE2N8QE

Die Gesten in Erde
https://www.youtube.com/watch?v=cDv9mdafGtQ

Die Gesten in Wasser
https://www.youtube.com/watch?v=Zz5dnpe1bUI

Die Gesten in Feuer
https://www.youtube.com/watch?v=zNHsONLC5GY

Die Gesten in Luft
https://www.youtube.com/watch?v=WEh9PMOKJFM&feature=youtu.be